北大附中说理写作课

李亦辰◎著

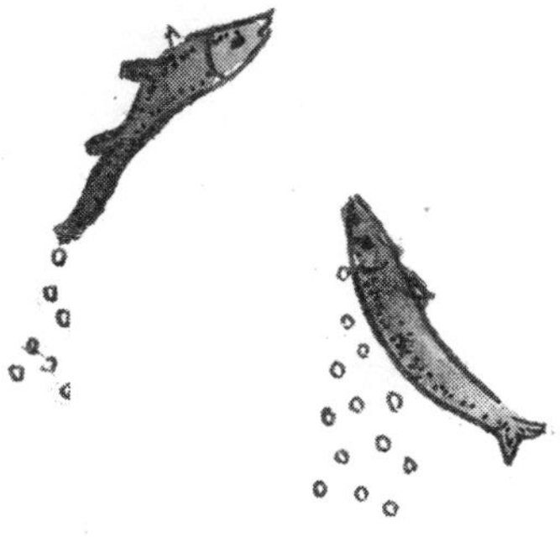

中国人民大学出版社
·北 京·

序

2011 年时，在北大附中王铮校长推动下，北大附中语文组曾尝试将写作课程从语文课中独立。但作为彼时授课教师之一，回顾起来，其时所开设的写作课程，名称为写作，学分归语文，内容完全脱胎于人教版语文必修课本中“表达交流”部分。2011—2017 年间，学校偶有开设文学写作课，内容未脱记叙文和议论文窠臼，底色也避不开为高考的训练做铺垫。

2017 年 9 月，从李亦辰老师开始，北大附中有了“公共说理”这门课程。

2018 年 9 月，北大附中写作中心筹建，说理写作和创意写作课程，一度成为全校必修。

2019 年 9 月，说理写作进化到北大附中公共说理项目，作为人文项目之一，全校必修。

试玉三日，辨材七年。要试要辨，总需先有玉有树。

本书，正可为璞玉树苗。

从设置独立写作课程到确定课程方案，从选修到必修，从课程到项目，一直在推动写作课程的部门，是我担任院长的博雅学院。

以此序言，补述些许本书背后的风影，于更多学校更多老师开设、推进写作课程，或有可用。于是，不计刍荛纸笔，献言曝芹。

在国家课程标准之外研发任一课程，都无非三个问题：为什么要研发？如何开设？开设的效度如何？

北大附中独立开设说理写作课程的原因或初心，说到底，是希望解决一个新问题：网络时代，更多事件公共话题化，关注、回复这些公共话题成为大多数人的日常；但，无意义的赞或顶、不审视信源的传播、此起彼伏的攻击羞辱、抖机灵、冷嘲讽、带节奏……不绝于目。作为学校，作为北大附中，我们希望自己培养出来的学生，首先不陷身或献身于此类濯淖污泥中，进而能通过自己的有效参与，有韧性地改变一些事情与人。要实现或无限接近实现这些，需要我们有一门课程落实批判性思维、落实有效的文字表达能力、落实知行合一的初步意识。而国内现有语数外政史地物化生的国家课程框架中，并无专门课程或方式可以落地实施。于是，2017 年年初，全网分析整合公共说理的各类事件与资源等，我们开始研发北大附中公共说理课程。

之所以不使用议论文写作，有两点原因。一是传统的议论有基因缺陷。上至诸子，下于公知，以气势服人者多，以缜密思辨条分缕析言事者少，一句“天无二日”就得出“人无二主”的并非少数，博举动物就定死人需好学的，也正是作为议论典型正面例子的课文。二是现行的议论文写作，着实难以脱离高考评分标准的束缚。即席定时、不能检索资料、所发议论必须恪守诸多标准化规则，如此的议论，要真说理、说真理，难度无疑超乎想象。这也是这本说理写作书从架构到内容，看上去都并不“高考”的原因；其实也是诸多满分作文并不难作为说理例文的原因。高分实有套路，公共说理，更多的是底线与规则。

如何开设这门公共说理课程？本书就是北大附中从 2017 年至今给出的答案。

北大附中在公共说理一事上真实的各类场景与成品，都在书内。

学校在公民教育层面给所有学生开启人文项目，该政策引发的争议是公共说理最直接的训练。

学校选课制度问题带来的问题，成为学生公共说理的材料。

书院活动室是否允许学生打游戏的规则，是学生影响校方决策的讨论主题之一。

信息化，导师制……

如上等等，用学校各类真实的公共事件作为材料，让学生给出自己的分析，提升说理能力。一定意义上，这本书，除了是一门课程的专著，同时也折射着北大附中改革的方方面面。

当然，更多社会热点，如性别问题、文化遗迹、人与动物……一并被引入讨论。校内是切身的场所，作为直接当事人的师生，信息相对容易完整获取；但我们生活中的社会热点，往往并不如此。各类事件的翻转也大多是因此。所以，让学生在校内先通过这门课程的学习，学会追踪真实的社会热点，经历可能的翻转，然后意识到任一公共事件都可能有如此翻转，是目的之一。

当然，翻转之后，如何避免谬误、如何落实基本说理原则、如何布局实现说理效率，都是书内重点。

作为课程管理部门，在北大附中各类研讨会上，各学院有一个不断被问到的问题：这门课究竟如何评价？作为一门研发的新课程，自然更是如此。

非教育学人，看本书的视角更多可能是看说清了关于写作的哪些问题；但本书作为一本教材、一本高中公共说理课程的专著，可供教育学人关注的，显然更多的是公共说理课程的效度。在这个意义上，本书更多是这门课程的 1.0 版本。

所谓 1.0，是指这些内容，可以无分 A 学生、B 学生……Z 学生；先说清目的，明确原则，给出步骤，指明效率即可；任何想要开课的人，这些都是备课阶段的事情。

之后的 2.0，才是上课的事情。而上课，显然学生如何学、学到什么才是问题。所以，课程目标细化成条目后，设置哪些任务、给出哪些话题测试学生在公共话题上此刻的水准、课程每周任务的可选择程度如何、学生兴趣度如何、每个学生在小组合作时展示了哪些能力、每个任务的不同水平是否都指向课程目标、每个学生和每个小组的学习报告单最终是何等模样、每个学生课前课后的变化如何呈现……应该是 2.0 之后的关键。

从 0 到 1.0，用了两年，一本专著，确认了很多需“知”应“知”；从 1.0 到 2.0，是“知”的落地方式，是“知”与“行”的进一步结合，一起期待！

在这个唯变不变的北大附中，敢为天下先的背后，一直是每一位师者“护念初发心，后心与之俱”的精进意念。

作为李亦辰老师课程的持续观照者，如上获益，如是分享。

是为序。

北大附中高中部博雅学院院长　孙玉磊

目录

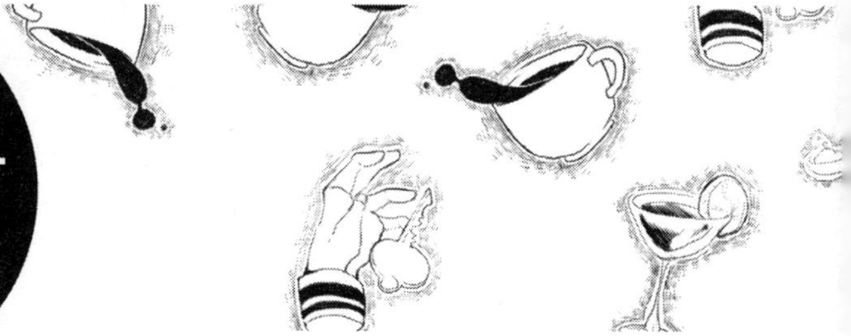

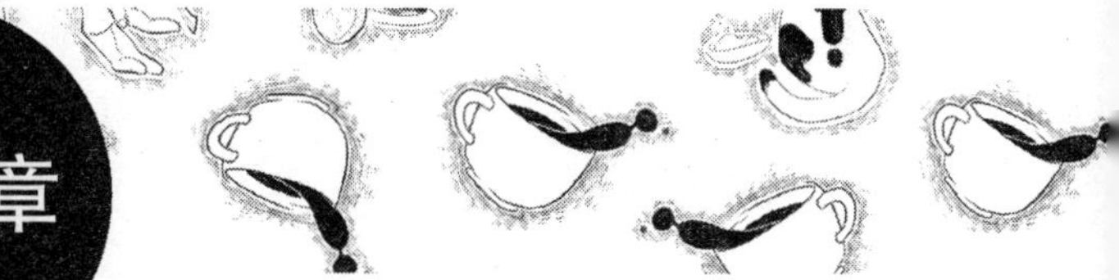

第一章

在开始写之前

嗨！终于等到你了！“说理写作”对你来说可能是一个很陌生的名词，你会在这本书中完整地了解它的体系。在你开始阅读这本书之前，我有一些友好的提示：

- **请按章节顺序阅读这本书；**
- **请抱着“玩耍”的心态去阅读；**
- **请赋予自己足够的耐心和信心。**

在这本书的前五分之一你都不会看到有关“如何写作”的内容，因为我们需要很多思考的工作。但是，相信我，它们也会挺有趣的，并且具有令你思考的价值。千万不要跳过“在开始写之前”和“原则”部分，更不要最先看“效率”，尤其在你之前从来没有接触过“说理”这个概念的情况下，我更建议你多花点时间来看前两章。“说理”听起来是一件很枯燥和一板一眼的事，其实未必。你不妨把它当作一次游戏之旅，想象你在迷宫中行走，在每一次争议中找到平衡，在谬误的谜团中拨云见日，最终到达理性的出口。

如果你期待一本“专家建议”类的读物，你可能要转变一下心态。在这个领域，每个人都需要不停地学习，你我都一样，不管多么“经验丰富”的人都一样，因为质疑和反思是一个永无止境的过程。

说理写作不需要背诵任何的名人名言、好词好句、伟人故事或者经典论据。它需要你用一种恰当的方式，站在合适的立场，明确地表达自己的想法。

一、Emmm……说理有用吗

六七年前，我在国内的一个机场，由于天气原因，航班延误至后半夜，然后取消了，但因为是廉价航空公司的航班，机票是不退不换的，所以航空公司告知大家：抱歉了，请大家自行回去休息吧。这时，一位大哥闹了起来，接着，他有了一些跟随者，抓住航空公司的工作人员大声嚷嚷：

“你们不能就这么不管我们！”

“我们是买了机票的，就不会走！”

航空公司人员再三解释，不料声势越来越大。最终，航空公司赔给每位乘客 100 块钱。

可是，按照之前的协议，航空公司并不需要做出赔偿呀！

会哭的孩子有奶吃，讲道理战胜不了“假大空”，正所谓“秀才遇见兵，有理说不清”。如果大部分人都不讲道理，我去跟人说理不是很吃亏吗？

我每个学期都会碰到这样的学生，他或她一脸沮丧地趴在桌子上问：

“学说理对我有什么用?”

“你的‘有用’指什么?”

“我会说理，也改变不了任何结果啊。”

《沉默的大多数》里有一句话：“所谓弱势群体，就是有些话没有说出来的人。就是因为这些话没有说出来，所以很多人以为他们不存在或者很遥远。”① 说理是与人对话，更是在表达自己，发出自己的声音。可能会说服别人，也可能你们仍保有各自的观点，但你们都听到了不同意见。说句实话，谁的每个意见都能真的改变什么呢？期待自己说的每句话、做出的每个决定都管用，这可不太现实。

但如果你一直不发声，那么你的耳朵里只能充塞着别人的声音。如果很多人都不说话，笼罩着我们的就只是一小部分人的声音。概括起来就是：

你说了，不一定真的起什么作用。

但如果你不说，肯定什么用都没有。

怎么样，还是觉得这个理由不够有说服力？你可能在想：这些和我有什么关系？我把自己的生活过好就行了，世界是谁在统治、是谁在说话，我都无所谓。

把自己的想法锁起来，一切都遵循传统、顺应潮流，似乎生

---

① 王小波．沉默的大多数//王小波全集：第1卷．北京：北京理工大学出版社，2009：10.

活起来更容易。但是，你不是隐形的透明人，你生活在这个社会中，任何一种制度和态度都与你有密切的关系，不讲道理的歧视和偏见无处不在。举几个简单的例子：

● 诉诸潮流：大家都这么做，就算这有问题，但如果我不做，就被落下啦！

大家一定都很熟悉补课班传单制造的焦虑和“不能输在起跑线上”这类言论。

● 诉诸传统：传统都是好的，都是对的。老祖宗都这么做的，准没错。

例 1：男主外、女主内，这是几千年的传统。

例 2：孩子一定要听父母的话，这是几千年的传统。

可是，如果一直都遵循传统，那，人类社会还要不要发展呢？进步的意思，不就是对先前观念和想法的改进吗？正如鲁迅所说：“从来如此，便对么？”

● 轻率归纳：只凭自己的一点经验，或听说来的片面信息，就得出全面的结论。

例 1：小花：哎呀，这个姑娘开车怎么压线了呀？

例 2：三石：女司机开车就是不行！

一个姑娘开车压线不能说明所有女性司机开车都有问题，而人们经常得出以偏概全的结论。人们倾向于认为，与自己属于同一群体的人有一些差异性，与自己不同群体的人都是一样的。这也是我们所说的“刻板印象”。

● 滑坡论证：从一件小事推出一个可怕后果，尽管这个推理的充分性并不够。

例：如果允许同性恋存在，那大家都不生孩子，人类就要灭绝了！

同性恋人群本来就不占人口的多数，而异性恋当中也有很多人选择不生育。你可以不认同这件事，但从允许同性恋存在无法推出“大家都不生孩子”的结论，无法生育也不能作为抵制同性恋的一个充分的理由。

况且……你不允许，“她们”和“他们”就是不存在的吗？

● 双重标准：顾名思义，对每个人的要求标准不一样。

我们可能都或多或少碰到过这样的老师：成绩好的学生早上迟到，老师可以忽略不计，轻描淡写地就放过了；成绩差的学生早上迟到了一会儿，老师就会给他或她扣上“不尊重老师”“藐视规则”“屡教不改”等各种帽子。

人是向往公平的动物。在现代社会，人类追求同工同酬、种族平权、性别平等，都是向之前社会长期存在的双重标准恶习的挑战。

然而，歧视和偏见在生活中比比皆是，大部分人却无法洞察。不进行理性思考，不对过去的事情进行反思，这是最省力的生活方式，但这样就很抱歉了：你永远也活不成“自己”，而只能做一个牵线木偶。

这么说吧，“说理”是希望你成为一个更有思想、更具有现代人格的人。

二、讲道理，这和写作有什么关系呢

> 写作并不是对思想的简单记述，它能够对思想进行提炼、打磨和检验——还能创造思想。……写作是一种学习。我之所以这么说，是为了反对把写作视为机械的记述，或者将其看成思想传播和固化过程中必不可少却枯燥乏味的一个步骤。……如果只是将你已经知道自己想要说的东西写下来，那么写作就无法成为探究和探索的媒介；它会扼杀作者与读者的交互过程中迸发出的无限可能和契机，将自己视作一个已经定型的作品。积极的写作不应该是去阐述那些你已经知晓的东西，而是要让你去思考新事物。①
>
> ——埃里克·阿约：《人文学科学术写作指南》

“说理”的反面是不讲道理，它有两种极端的表现形式：一是别人说什么怼什么，强迫别人同意自己；二是别人说什么信什么，自己完全不求证。它们都源于内心缺乏一种“怀疑”。

很长时间以来，我有这样的疑惑：为什么有人可以对从未亲身经历的事情言之凿凿？为什么有人可以在只看到人和事的冰山一角时就做出判断，而有人却可以始终保有怀疑的热情？——称

① 阿约．人文学科学术写作指南．陈鑫，译．北京：新华出版社，2017.

“怀疑”是一种“热情”，因为当你不再怀疑，或者懒得怀疑时，情况就有点不乐观了。我们打开任意一个社交平台，都不难发现站在道德高地、对只听到过只言片语的事情口诛笔伐的例子。

关于我这个“为什么有人不怀疑”的怀疑，后来我知道了一个名词叫作“批判性思维”，英文是 critical thinking，也有人认为“批判”这个词的中文意思比较咬牙切齿，所以翻译为“审辩式思维”。但其实，本来“critical”在英文中就是批判的意思，有种激烈的感觉，不需要特别地撇清、让它必须是一个完全正面意义的词。我想，这也是批判性思维本身的宗旨吧，即希望打破惯性和片面思维，看到一个事物的多面性。

我认为，批判性思维最核心的理念是两个词：质疑与反思。可解读为：拥有对主流、对权威质疑的勇气；拥有对自我、对从前反思的态度。

理查德·保罗和琳达·埃尔德在《批判性思维工具》中说：“批判性思维是一种对思维方式进行思考的艺术，该艺术能够优化我们的思维方式。”它需要个体有“对思维方式检视和反思的意愿”，并“愿意对自己的思维方式进行分析解剖，愿意去正视我们思维方式中的弱点，并且能够在此基础上对思维方式进行重塑”。而“想要克服思维方式中自有的刻板、故步自封的倾向，个体必须要有足够强烈的意愿”①。

问题来了：这个意愿，是从何而来？是能够自己生长出来的吗？

---

① 保罗，埃尔德．批判性思维工具．侯玉波，姜佟琳，等译．北京：机械工业出版社，2016：1-2.

让我们至少尝试一下吧。很多国家都正在尝试在学校教育中培养学生的批判性思考能力。美国的高中有公共说理课，大学有批判性写作课。近年，国内开始有相关的探索，比如清华大学将说理写作作为大学一年级必修课。

徐贲先生曾经引用哲学家罗蒂的话说："学校应该为学生提供两种启蒙（扫盲）教育，一种是'文化扫盲'（cultural literacy)，另一种是'批判能力扫盲'（critical literacy)，公共说理应该是兼及文化和批判能力扫盲的一种教育。"①

那么，这种扫盲，为什么要用写作的方式？原因很简单。

"我们的大脑很少能够在一种高清晰水平下连续地进行工作，利用文字我们会有机会获得一些清晰性。"思维的文字表达强调"清晰性、准确性、认知性、丰富性"。就像培根说的，文字表达使人成为一个"清晰可见"的人。② 这就是为什么要通过写作去表达批判性的思考。

就拿我自己来说吧，虽然我做老师，但你能相信我其实有些社交恐惧吗？不瞒你说，我教说理，但让我去参加辩论赛可不行，我的口头表达比较差，脑子反应也不快。每学期开始上课的时候，总有学生说，"这个课听起来就超级难"，或者说，"不行呀，我逻辑很差，肯定写不出来的"。其实没关系，思维是需要训练的。谁也无法说，自己时刻都能一针见血地指出对方话语中出现的逻辑错误。说理写作是门依靠有意识的持续练习就可以达

---

① 徐贲．明亮的对话：公共说理十八讲．北京：中信出版社，2014：51.

② 卡比，古德帕斯特．批判性思维与创造性思维．韩广忠，译．北京：中国人民大学出版社，2016：8.

到目标的课程。

说理写作是通过写作的方式去讲道理，它同时包含思维层面与表述层面。期待你能够：

- **对一个问题多角度考察其背景，有逻辑地使用合理论据阐述自己的观点；**
- **评估一项论证的有效性，与别人形成有效对话；**
- **具有反思自己的初始想法的意识；**
- **开始关注社会现实、思考各种社会现象，对身边的事件有基本的敏感度，能够发现问题、有效说理，形成使用理性话语的习惯。**

说真的，最终这个目标比较难以实现，它需要长期的训练。我说的“训练”不是指做练习题或者不停地写作文这样的训练，而是一种自己对自己的思维训练，遇到任何争议都探究一下原因，听听不同的观点，理性地做出判断。这挺难做到的。人们多多少少有些自我保护的思维障碍，比如，会将自己的行为合理化。我曾经遇见过至少三个高考没有考上理想大学的朋友，自己给出的解释都是“涂错了答题卡”。再比如，否认。作弊学生的家长来到学校，极力解释自己的孩子多么用功读书，就是不愿意承认孩子作弊的事实，因为他们无法接受孩子“有作弊这样的品质问题”。而实际上，一次作弊并不能像很多家长判定的那样被归为“品质问题”，我们需要的只是找到作弊的原因，对症下药。

保罗和埃尔德将批判性思维分为六个阶段（见图 1－1）。

不同的人处于不同的思考阶段。我希望，学完这门课的你，起码能够成为一个“初始的思考者”，能够清晰地表达问题，检查信息的准确性和相关性，能够发现偏见、不公正，并尽量注意到何时的自己是以自我为中心的，能冷静地、就事论事地讨论问题。当然，也盼望你能进行更多的尝试，成为终生的思考者。千万不要担心自己的能力不足，我们每个人都是思考的练习者。

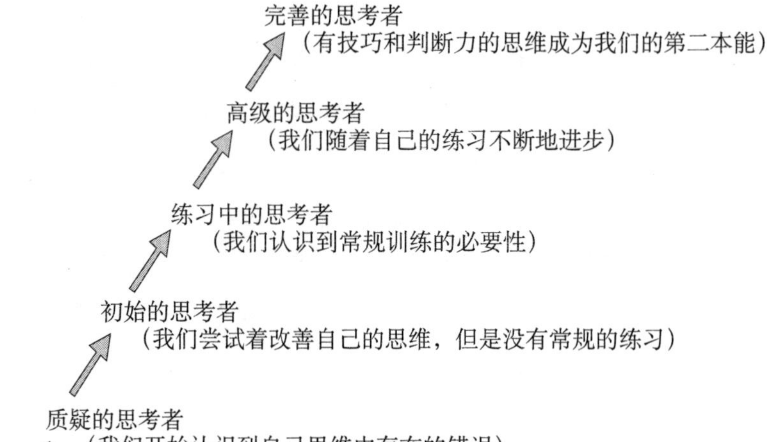

图 1-1　批判性思维发展的阶段

资料来源：保罗，埃尔德．批判性思维工具．侯玉波，姜佟琳，等译．北京：机械工业出版社，2016.

第二章

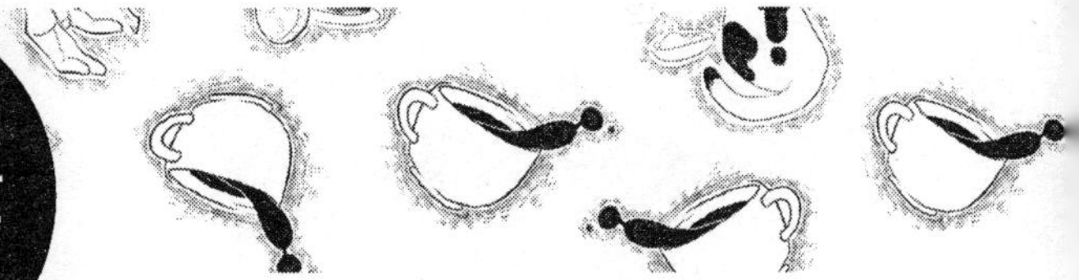

原　则

你的脑子里可能活跃着很多稀奇古怪的想法，但你不确定是否都能告诉别人，所以干脆选择闭口不言。也可能，你面对一个争议事件时脑子却一片空白，听到正方说的觉得有道理，而听到反方的说法觉得好像也对，明明自己应该是有判断的，却抓也抓不住。这又是怎么回事呢?

当别人用“从来都是这样嘛”“这就是事实啊”来说服你时，你好像觉得有哪里不对，但又说不出哪里不对。这时，要如何回击呢?

你也会怀疑：我的想法正确吗？别人会认同我吗？我好像是个很情绪化的人，那么我能“客观”地看待问题吗?

在这一章里，让我们解开这些顾虑吧。

一、表达你自己的想法

热身

找你的小伙伴或家人和你一起玩吧!

(1) 用 15 分钟写出至少 25 个二选一的问题(你可以随意加减时间和题目的数量)。这些是你们出给别人的选择题,它们必须涉及至少五个不同的领域,每题的两个选项必须在同一领域且有可比性。

错误示范:足球 VS 牛肉;T 恤 VS 袜子。

以下供参考:(不要写得跟我一样哟!)

食物:鱼还是牛肉;

职业:作家还是电脑工程师;

上网习惯:百度还是必应……

当然,你还可以写一些更复杂的,比如:

世界毁灭了,只剩一个人跟你待在一起,你希望是特朗普还是金正恩?

(2) 给对方念出自己的问题,要求对方回答,将对方选择的那一项打钩。如果你没懂他或她的问题,或者对某个选择很好奇,想要追问为什么,可以继续询问。

注意:千万不要直接把你写的那张纸递给对方说:"你自己打钩吧!"这样就达不到交流的目的了!

曾经有一位教育学教授听说我在教说理写作这门课，她问我：你希望学生上完这个课达到什么水平？我说，起码可以明白地表达自己的想法。这位教授把身体往后一仰，在胸前抄起两手，斜着眼睛："这么大的孩子，有自己的想法吗？"语气充满怀疑。我惊奇地说："不管多大的孩子，都是有自己想法的呀！"只是自己的想法在长大的过程中被长久地压抑了。今天的热身就是想让你想一想，面对一些问题，你自己的选择是什么？你为什么会这样选择呢？

有次见到一篇写父爱的高中范文，开篇就是"我爱我的爸爸""他总是像大树一样保护着我"——已经十五六岁了，还要用这样看起来很低龄的文章当作范文来模仿吗？况且，都这么大了，如果还需要爸爸像大树一样保护，都让人怀疑这个家庭教育的方式了。还有"谈友谊"的"议论文"，里面塞满了马克思和恩格斯、伯牙子期的故事——你对"友谊"的理解是什么？想想你和你的小伙伴平常一起会做些什么事情？你羡慕什么样的朋友相处模式？

我们的作文经常要求"有真情实感"，但如何考察这些情感是不是真情实感？如果此时还要写"爸爸像大树一样保护着我"，不知要去哪里抒发真情实感了。

为什么世界和你的身边每天发生着无数的新闻，而很多人好像漠不关心？一个可能的原因是，他们和她们没有被赋予思考的权利和义务。很长时间以来，所有人盯着一份标准答案。我们现在需要建立主动思考的概念。有些时候，我觉得我选择的写作话题同学们并不感兴趣，但为了分数，他们也会把漂亮的文章交上来。但如果我说，请自己去选择自己感兴趣的社会或校园热点来评价吧，结果是，很多同学对身边发生的任何事都不感兴趣……

但是，一个人真的会毫无自己的想法吗？这不太可能。

邀请你做一个简单的小实验。

这是某学期的第一节课，我们热身活动里的一张小纸条：

> 请写出去南门口便利店买一瓶饮料需要考虑的因素，并做出解释。

以下是我的学生写出的部分答案：

> 时间；天气；季节；我的身体状况；南门门卫的情况。
>
> 具体的情况分析：
>
> 时间：
>
> ● 中午的话就无所谓了，但是课间的话……
>
> ● 如果老师拖堂就来不及去买了。
>
> ● 如果下一节是体育课，就需要换衣服而且跑去体育馆，来不及出去买。
>
> ● 如果下节课的老师是非常严格不允许迟到的，就没办法出去买。如果是比较和蔼不会记迟到的，就可以出去买。
>
> 天气：雨下得很大就没法去。
>
> 季节：冬季喝热饮，夏季喝冷饮，春秋喝常温，养生。
>
> 我的身体状况：如果身体不舒服，就买热饮。
>
> 南门门卫的情况：如果今天值班的门卫师傅比较好说话，就可以放我出去。如果是特别较真的大叔，就溜不出去了。（注：我们学校的南门禁止学生上学期间进出。）

你看，只是去门口便利店买瓶饮料而已，你就会考虑多方面的因素。不同的人会考虑不同的因素，这是每个人思路的差异，因此也会产生不同的行为，得出不同的结论。更何况是评论一个事件、一种现象、一些观念呢？

什么是“自己的想法”？很简单，就是：我如何想的，我为什么会这样想。

传统的“作文”，给定一个题目或者一段材料，你需要去揣摩出题人的意思，推断出他或她想让你写什么。在这其中，你自己的想法反而变成了不重要的东西。

2015 年，美国教育考试服务中心（ETS）与北京航空航天大学联合研究项目“EPP（中国）测试和研发”的阶段性研究成果显示，“EPP（中国）批判性思维能力测试成绩与高考语文成绩相关不显著，与高考英语和数学两科成绩相关显著”[①]。这个结果有点令人震惊：语文似乎不是个培养批判性思维能力的学科？让我们看一个近两年的高考作文题：

> 《白鹿原上奏响一支老腔》记述“老腔”的演出每每“撼人肺腑”，令人有一种“酣畅淋漓”的感觉。某种意义上，可以说“老腔”已超越其艺术形式本身，成为一种象征。
>
> 请以“‘老腔’何以令人震撼”为题，写一篇议论文。
>
> 要求：从“老腔”的魅力说开去，不要局限于陈忠实散

---

① 赵婷婷，杨翊，刘欧，等．大学生学习成果评价的新途径——EPP（中国）批判性思维能力试测报告．教育研究，2015（9）．

文的内容，观点明确，论据充分，论证合理。

这样的一个作文题，明明已经把观点告诉你了："老腔"是令人震撼的。这个要求"观点明确"，要求的并不是你自己的观点，而是出题人的观点，需要你去证明它是正确的。

我们之前讲议论文喜欢讲三步走：是什么、为什么、怎么办。照理，这个"是什么"应该是"我的观点是什么"，然后解释"为什么我会这么想"。而恰恰是这最重要的"是什么"总是先告诉你，而不需要你自己的思考了。尤其是"令人震撼"这样感受层面的想法，"老腔"有其独特的艺术价值，这完全没错；但是不是每个人听到都必然会被"震撼"到？这可未必。倘若我觉得"老腔"实在没有震撼到我，那不行的，因为题目要求你必须说明它如何震撼人心。

譬如一些抽象派的画作，我确实欣赏不来，我知道它们属于一种重要的艺术形式，看了抽象派画作身心愉悦的也大有人在，我不能因为我不喜欢就否定它的价值。如此，让我作一篇《你如何看待抽象派艺术》，我可以写得出来，而倘若让我作一篇《抽象派作品如何令人愉悦》，我实在作不出，因为我看了并不愉悦，不能用作文题迫使我愉悦，正如无法迫使别人被"老腔"震撼一样。

当然，也有一些有物可言的作文题。我们来看看 2006 年高考某卷作文题：

> 目前中国人读书的人越来越少。1999 年为 60%，2001 年为 52%。造成这个现象的原因是多方面的。为什么不读书？中年人说没时间，青年人说不习惯，还有的人说买不起

书。相反，网上阅读的人越来越多。1999年为3.7%，2003年为18.3%。

全面了解材料的一个侧面和一个角度，自己确定题目和问题。

“全面了解材料的一个侧面和一个角度”，其实在考场上挺难做到的，如果真的要作出一篇严谨的文章，需要查阅大量资料。不过，这个题目是有一些可发挥空间的，可以对网上阅读和纸质书阅读这两种方式进行比较、权衡，最终得出自己的结论。

值得我们期待的是，新课标中提出，要培养逻辑思维、辩证思维，注重批判性思维品质的提升，之后的写作走向是可以更多元的。比如2016年上海高考作文题关于“评价他人生活”，2018年全国Ⅱ卷作文题关于“幸存者偏差”、上海高考作文题“谈被需要的心态”，这些都是与我们切身相关、值得深思、有理可辩的题目。

和大家分享我很喜欢的一段话：

> 知识虽然可以带来幸福，但假如把它压缩成药丸子灌下去，就丧失了乐趣。当然，如果有人乐意这样来对待自己的孩子，那不是我能管的事，我只是对孩子表示同情而已。还有人认为，头脑是表示自己是个好人的工具，为此必须学会背诵一批格言、教条——事实上，这是希望使自己看上去比实际上要好，十足虚伪。这使我感到了某种程度的痛苦，但还不是不能忍受的。最大的痛苦莫过于总有人想要用种种理由消灭幸福所需要的参差多态。①

---

① 王小波．沉默的大多数//王小波全集：第1卷．北京：北京理工大学出版社，2009：16.

也许，你也曾经被命题作文框住手脚，把“自己的想法”丢到不知哪里去了，希望你在这本书里，捡拾这些想法，把它们星星点点地收集起来，拼成你自己的世界观和价值观，并不断地完善它们。

关于开头的热身，“神喵班”的同学也写了很多选择题。

思考一下：你会如何选择？你为什么这样选？

心灵选择：

- 来到这所学校是自愿还是妥协的结果？
- 做到难题是跳过还是硬攻？
- 番茄酱嘬着吃还是挤出来吃？
- 玩《狼人杀》时喜欢做平民还是有身份的人？

思考人生：

- 历史发展有其必然的规律，还是一个人的意志能改变历史？
- 做一个劳累的老板还是快乐的乞丐？
- 活着是为了自己快乐还是为人类社会创造价值？
- 活着睡一辈子还是死了永远长眠？
- 你更认同谁的学说，马克思还是卢梭？

未来畅想：

- AI 机器人还是外星人？
- 外星球定居还是留在地球上？
- 参与时空旅行还是留在自己的时空？

脑洞：

- 隐身术还是瞬移？

● 如果戈尔巴乔夫和你的数学老师同时落水，你先救谁？

● 被关在一间屋子里五天，饮食充足的情况下，带一本书还是带音乐播放器？

二、你的读者是谁

热身

想象一个场景：你班里的每个同学和老师都出了 50 元钱，你的班级有 40 个人（可能你的班级人数不一样，按照实际情况确定钱的数量），你需要提出一个方案来尝试让大家同意把这笔钱交给你支配，你需要为这 2 000 元钱制定一个方案。你会做什么呢？

上一节中我们说，一定要表达自己的想法。这当然不是说，你可以完全不顾别人的感受，把自己的话一股脑儿倾倒出来就算完成任务。正如老师在上课之前要清楚学生是什么程度以决定课程内容一样，说理是一个对话的过程，你不可能自说自话，需要先想想你说理的对象会是谁。

此时，你可能在想：是老师留的作业嘛，读者当然就是老师了！

大错特错！

通常，我们需要在真实的情境中写作。即便是我在布置课堂写作任务的时候，一般也都会指定写作对象：

● 假设你要在校报上写一篇学校某改革政策的评论。

● 假设你要在《××报》时事评论栏目发表一篇针对××新闻的评论文章。

● 假设你要给某某作者写一篇针对她的作品的回应文章。

…………

就算没有指定写作对象，因为我们每次都会在下一节课讨论作品，所以每个人的读者也包括全班同学，而不只是老师自己。

在写文章之前想一下：你写给谁看？

确定读者是在帮助你确认：

● 写作目的：你希望读者读了这篇文章以后形成什么样的想法？

● 写作口吻：对不同的人说话，口吻肯定不会一样。就像一名候选人去村里拉票和去研究所拉票，肯定不会用相同的方式说话。

● 写作策略：如果只让你写一个命题作文《沉默是金》，而不告诉你是写给谁看的，最后很容易出现一些泛泛而谈的论述，没有实质内容。

这些都有助于避免你的作品变成没有重点的“然后……然后……然后……”文章，或是单纯堆积论据的巨型资料库。

我们通过一个活动记录来进一步了解“读者”的概念。你刚才思考的热身活动（它的目的不仅仅是培养“读者意识”，你在后面还会看到这个例子）在“神喵班”的流程更复杂一点：

第一步：宣布分组规则，自由选择座位。

“神喵班”有 20 个人，坐成一个同心圆，内圈 10 个人，外圈 10 个人。内圈是讨论的参与者，最后有一个人会赢，有诱人奖励，输的人会丢掉一点点东西。外圈是观察员，需要做记录，最终投票选出赢的人并给出充足的理由。

第二步：内圈同学决定奖惩。

在不知道是何种讨论任务的情况下讨论决定奖惩方式。

第三步：公布讨论内容和规则。

假设我们每个人出 100 元钱，总共就有 2 000 元钱，这2 000 元钱最后只会给一个人。里圈的每个人需要陈述并说服别人：这 2 000 元钱为什么应该给我，我会拿它做什么，为什么做这件事特别重要，以及为什么这个钱可以做这件事。要求：不能再将钱原数返还每个人。最后，由外圈的同学投票选出觉得最好的方案。

第四步：讨论。

首先，每人做两分钟的方案陈述；然后，有半小时自由讨论，在这个阶段既需要说明为什么自己的方案很好，也需要指出别人方案中的问题，并要回应别人的质疑。

以下是小伙伴们提出的方案：

> 灰犀牛：想给爸爸买一双质量好的跑步鞋，因为爸爸平时非常辛苦，而且爸爸喜欢跑步，但他的跑步鞋老是会坏掉，就想给他买一双更好的鞋子，让爸爸更舒服一些。
>
> 热带鱼：给学生会议室买长沙发。会议室坐垫太硬了，令人非常难受，而且座位少。买了沙发以后，教导处老师来

旁听议事会时也可以坐着。

三石：学校厕所隔间的门经常坏掉，拿这个钱雇人来修一下，改善厕所环境，造福同学。

小花：购买40平方米充气城堡和一个泡泡池，放在操场上。高中的学习压力都很大，下课去玩一会儿可放松身心。可以收费，每次一块钱玩15分钟。按照网上的价格，2 000元钱买这些很充裕。

小渔：捐款给山区没法用热水洗澡的孩子安装热水器。

光头：在学校的几幢教学楼和体育馆、食堂门口安置一些公共伞架，雨天可以借伞。每次5毛钱，最好请学校的IT维护老师将借伞系统设置成可以刷校园卡支付，如果在一个规定期限内没有归还，校园卡就会自动扣掉50元钱。

杠杠：直接抽奖。里圈10个人，设立一等奖一名，可获得500元钱。二等奖两名，各得300元钱。外圈10个人，一等奖一名，获得200元钱，二等奖5名，各得100元钱。剩下的每个人会获得8张彩票，没准也能中奖。

长颈鹿：因为我们学校的活动室没有禁止打游戏，为了丰富大家的课余生活，买一个PS4放在活动室，价格1 900元钱，会有全套设备，两个手柄，可以两个人一块儿玩。30分钟收10元钱，差不多每天赚100元钱，以后我们就买得起第二台，还可以继续经营……

盼盼：还是买吃的。这样，我们可以在这个课上从第一周到第十周都有东西吃，会让大家很向往这门课，方便又实惠。

你可以先想一下，你会投票给谁?

结果是：绝大多数的票投给了光头同学，即安置公共伞架。

为什么呢? 首先被反驳的是以下这些方案：

灰犀牛的方案：为什么要拿大家的钱给你爸爸买鞋?

热带鱼的方案：大家根本不想让老师来旁听书院议事会好吗!

杠杠的方案：本来我有 100 元钱，抽奖之后很可能只拿到彩票且不中奖。这是一个大部分人都亏本的生意。

这里的目的很明确：用我的方案说服大家，让大家把票投给我。不幸的是，灰犀牛同学和热带鱼同学显然根本没考虑他们的说服对象，这可是大家的集资，他们相当于在说："我竞选总统成功以后，会把你们的钱自己花掉"或者"我会把这笔钱花在资本家身上"。而杠杠同学，已经忘了这钱从哪里来，每个同学的 100 元钱都来之不易，大家并不想搞一场赌博……

盼盼同学的方案回馈了大家，但在价值方面就差一点。小渔同学的想法很善良，不过可操作性有待考证。三石主要输在学校公共设施有问题应该直接找物业修理，而不是让大家集资解决。

小花、长颈鹿和光头同学的提议都比较充分地考虑了听众的感受，最终同学们一致觉得，光头同学的方案更有价值：它既对投资人有利，又惠及全校，而且有长期的效果。

有趣的是，长颈鹿同学的提议大家更感兴趣，但最后却没有人投票给他。理由是什么呢?

1 900 元钱根本没法买下全套设备。虽然也很想玩 PS4，但不想活动室变成游戏厅。

这里需要注意：有读者意识绝不是说你要取悦读者或者欺骗读者！

如果为了获得认同而一味取悦读者或编造不实言论，那么你的文章就失去了说理写作本来的意义：表达你自己真实的看法。

你可以在写作之前让自己填写一些简单的填空题：

● 我的读者或者可能的读者是______________________。

● 读者对于我的文章所探讨问题的了解是______________。

● 对这个问题，他们或她们可能的想法是______________，可能的疑惑是______________________________________。

● 我还需要提供给读者关于这个话题的信息有__________。

● 当读者读完我的文章时，我希望他们或她们能够____________________________。

当然，即便将这些都明确了，你也可能无法完全达到这个写作目的。但你需要往这个方向努力，不让文章成为一盘散沙。

我们来看光头同学是如何准备一篇将要发表在本校学生自编杂志上的文章的吧，她的文章是：《传统文化怎么“传”?》

● 我的读者或者可能的读者是我校同学，可能还有老师。

● 读者对于我的文章所探讨的问题的了解是国家在提倡优秀传统文化的传承，我们从小也接触过很多形式的“传统文化”。

● 对这个问题，他们或她们可能的想法是弘扬“优秀传统文化”是一件很重要的事，可能的疑惑是到底什么是“优秀传统文化”? 现在对于“传统文化”的宣传铺天盖地，到底应该相信什么呢?

● 我还需要提供给读者关于这个话题的信息有对“传统文

化”概念的厘清、对于“文化传承”的新解读。

● 当读者读完我的文章时，我希望他们或她们能够对于“传统文化”有一个新的认识，能在再看到相关事件和现象时有不一样的思考。

传统文化怎么“传”?

近几年，在全国各地都掀起了一股学习“传统文化”的浪潮。初听起来，这股风潮是很正面的，作为中国人，我们当然应该去了解和吸收优秀的中国文化。很多学校都在开展“经典传统文化诵读”之类的活动，我们幼儿园时也都背过《弟子规》《三字经》，可其中也存在问题：我们背的时候其实并不懂意思，只觉得谁能背下来就很厉害。这还不算，最近还出现了明星把义务教育阶段的孩子送到没有办学资质的全日制“传统文化”学校、一些学校打着“传统文化”的名号公然教授“女德”等乱象。在这些被纷繁复杂的利益所裹挟的“传统文化”迷丛中，我们需要怎样的辨识能力呢？

首先，我们要明确：所谓“传统文化”，到底是什么？

我查找了一些资料，发现它没有一个明确的概念。2012年，人民教育出版社首发了《中国传统文化教育全国中小学实验教材》[①]，其中除了《论语》《道德经》等，还包括音乐欣赏、历法、茶文化等内容。而由教育部在2014年印发的

---

① 人民教育出版社课程教材研究所官方网站．(2012－10－17)［2019－04－07］. http: //www. pep. com. cn/xw/yw/201709/t20170920 _ 1919603. shtml.

《完善中华优秀传统文化教育指导纲要》[1]，提出要“加强中华优秀传统文化教育”，其中并没有明确指出什么是“中华优秀传统文化”，但列举了一些内容，比如小学低年级“初步感受汉字的形体美”“知道中华民族重要传统节日”等；我们高中阶段包括“阅读篇幅较长的传统文化经典作品，提高古典文学和传统艺术鉴赏能力”等。我们可以理解为：它是个范围很广的概念，学习传统文化也是个循序渐进的过程。

进而我们又要问：到底多“传统”的才叫“传统文化”？如果说是要有长期积淀的文化，要积淀多久？——清朝的？唐朝的？汉朝的？比如，《诗经》年代已不可考，而我们小时候学的《弟子规》，是清代才有的，至于穿“旗袍”和“唐装”这事，直到民国才有。从传统文化的经典文本来说，梁启超曾经在1923年（民国十二年）发表过《国学入门书要目及其读法》，其中书目年代跨度极广，除了《论语》《孟子》等现在颇被推崇的儒家经典，还包括汉代儒家法家对于政治问题的对垒抗辩之书《盐铁论》、元散曲《西厢记》等，甚至包括清初王夫之的《思问录》、胡适的《中国哲学史大纲》(上卷)[2]，可谓包罗万象了。

那么，现在全社会都在讲，要传承中华民族优秀传统文

① 中华人民共和国教育部官方网站．(2014-03-28)［2019-04-07］. http://old.moe.gov.cn//publicfiles/business/htmlfiles/moe/s7061/201404/xxgk_166543.html.

② 梁启超．国学入门书要目及其读法（1923年）//梁启超全集：第7册．北京：北京出版社，1999：4232.

化，“传承”是一股脑儿地把“传统”倒给你接受吗？当然不是。“优秀传统文化”和“传统文化”本来就不是一回事，三纲五常、二十四孝都是“传统文化”，但什么是“优秀”的，就需要一把尺子了。那么，如何“传”？单纯地诵读，能有效果吗？在著名历史学者葛剑雄教授看来，“传”与“承”要分开来解。“传”是无条件的，尽最大可能把文化完整保留下来，因为它是“人类记忆和人类历史的一部分”；而“承”则是有选择性的，要“适应今天和未来的需要”，要有创新性。比如“孝道”是很好的，那些尊敬父母的传统礼仪也应该被“传”下来，但让我们穿着汉服向父母行那种跪拜叩首之礼也没有必要，是一种舍本逐末。[①] 要是把“传”的都“承”下来，那我们民族的发展进步也没什么可期待的了。

我认为，“传”是历史学研究者的重要工作，而对于我们中学生来说，要对什么是真正需要我们去“承”的传统文化做出分辨和判断，如果只是固守一些“死道理”，把什么都背下来、塞进去，是没有意义的。

如果你也曾经有过这种疑惑、思考过这个问题，看了她的文章之后，自己的想法有什么变化吗？它是强化了、削弱了你的某些看法，还是没什么特别的影响呢？

不过，这个例子最重要的是想跟你说：“读者意识”是你

① 葛剑雄．传统文化的“传”与“承”．光明网．(2018-02-10)［2019-04-07］．http：//news.gmw.cn/2018-02/10/content_27653155.htm.

在每次写文章时都需要随时提醒自己注意的事。作为一篇与人讲道理的文章，考虑到读者的接受程度甚至比运用论证技巧还要紧。

三、明确一些概念

热身

写出 20 个你看过/听过/经历过的偏见。

1. 存在即合理吗？

你此时可能在想：哇，这也太多了吧！不过，想想你从小到大的经历，有没有老师对你们说过“女生理科不行”或“男孩子怎么能哭呢”？有没有在路上碰见过有人大骂“都是因为你们外地人来了，北京才这么乱”？有没有看到过网上有人说“开日本车的都是卖国贼”？每个人都会根据自己有限的亲身经历得出一些没什么确切根据的结论，并选择性地忽略一些与之相反的案例，于是偏见就形成了。比如，倾向于认为“都是因为外地人来了北京才这么乱”的人，只要看到有外地人闯红灯了、随地吐痰了，就会进一步加固心中的观念：“看吧！外地人素质就是这么低！”而看到本地人做了这些事情，就好像没看见一样。在这方面一个经典的案例是：2018 年 11 月，重庆一辆大巴与一辆对向小轿车迎面相撞，最后大巴坠江，全部乘客和司机不幸遇难，小轿车司机重伤。某家媒体率先报道说，小轿车中是一名女司机，由于她的逆行，导致大巴坠江。网上于是掀起了声势浩大的讨伐“女司机”的言论：“女司机开车就是不行!”“应该禁止女性开车!”……然而时隔一天，公安调查结果发布：小轿车是正常行驶，是大巴车的男司机忽然冲入对向车道，导致女司机重伤，一车乘客身亡。这时，网上的舆论没有任何人谴责“男司机开车就是不行”或者“应该禁止男司机开车”之类的。

对于这个问题，美国弗吉尼亚大学的乔纳森·海特教授在研究了一系列有趣的实验之后得出了一个结论：我们的内心更像律师而不是科学家，也就是说，我们更愿意为自己的已有想法寻找各种理由和证据并倾向于相信它们是真的，而看到相反的证据时会选择忽略而不是转变自己的想法。①

让我们来做一个小小的追溯：最开始媒体报道“女司机”是为了吸引眼球，因为女性司机较少，报道司机的当然是交通事故居多，后来演变为越来越猎奇，女司机撞坦克、撞护栏……但是你可以留意一下，当司机为男性时，报道不会写“男司机”而只会写“司机”。尽管很多新闻学教科书上明确地写着不能使用这种明显会造成偏见的方式进行报道，然而遗憾的是，这种现象依旧比比皆是，于是“女司机”这个概念就莫名其妙地变成了一个“技术差”的代名词。开车差的女司机肯定是存在的，每个人都会碰到几个，于是她们又进一步印证已有的“女司机开车差”的

① 海特．正义之心：为什么人们总是坚持“我对你错”．舒明月，胡晓旭，译．杭州：浙江大学出版社，2018：73.

观念。你必然也会遇到开车差的男司机，但因为你并未被引导和灌输过“男司机开车差”的想法，所以很容易就忘记了他们。心理学上也有“看不见的大猩猩”这个实验：一群穿白色和黑色衣服的人在传球，先告诉你说，等下会问你穿黑色衣服的人传了几个球，大家自然会盯着穿黑色衣服的人看，很多人都没注意到，在传球的过程中，一只大猩猩从传球的人面前走过。你的内心一旦认定了一些观念，往往会选择性地忽视其他因素。

“实验结果越来越令人不安。珀金斯发现，迄今为止，智商仍然是人们说理能力好坏的最重要指标，但它预示的仅仅是我方论点的数量。聪明人确实能成为优秀的律师和新闻秘书，但他们在寻找对方的理由上并不比其他人做得好。珀金斯总结说，‘人们仅仅把智商用于支撑他们自己的观点，而不是用于更全面和公允地探究整个议题’。”①

听上去有点令人伤感，但我们得想点办法让自己不要在偏见里坐以待毙。

这些偏见都真实地存在于我们的生活中，而日常有一句说得很顺口的话叫作“存在即合理”，听起来可以解释一切事情。这里的“合理”被理解为比较宽泛的合适、公平、平等……但这句话并非那么简单，黑格尔肯定不会同意我们把这句话做这么“无赖”的一个理解。

所以，在我们开始与人说理之前，一定要搞清楚两个概念：事实与观点。

---

① 海特．正义之心：为什么人们总是坚持“我对你错”．舒明月，胡晓旭，译．杭州：浙江大学出版社，2018：84.

听上去很简单，对不对？事实就是确实存在的东西，观点是你看待问题的角度和想法。事实是你无法否认的，观点是别人可以反驳、大家可以讨论的。

那么，如果将事实与观点混为一谈，将会出现什么现象呢？我们在不经意间几乎都遇到过：通过对事实与观点的故意混淆，将个人或一部分人的观点作为所有人都需要认可的事实，不容你去质疑，就像不听取辩护就根据个人好恶判定别人的罪责一样。

那么，如果一件事确定是事实无疑了，我们就需要完全认可它吗？也未必。

很多人看到的事实可能是一样的，但对这个事实的解释却很不同，这源于我们的观念和所在的立场。比如，你的朋友交了一个新男朋友，同学 A 恭喜她，同学 B 嘲笑她，老师找她严肃谈话，她的家长感到焦虑。这就是看问题的角度不同，对这个事实的理解不同。

关于事实，有一些需要澄清的概念：

- **事实不一定是自然的；**
- **事实不一定是一成不变的；**
- **事实不是我们必须要接受的；**
- **事实如此不等于应该如此；**
- **发现和了解事实很重要，对事实的解释更重要。**

比如下述几个事实是不同的。

> 地球是围绕太阳转的。

这当然是事实，而且是自然的，已经持续了相当长的时间，起码在我的有生之年应该不会改变。

人们通常用杯子喝水。

没错。这个事实是因为人类在长期的历史发展过程中发现用这个形状的东西喝水最方便。而且人们将这个物件命名为杯子。

大部分人都是随父姓的。

这也是事实。它背后的原因是什么呢？是古代的父权制，是为了确立父权统治而形成的一种单系偏重的社会制度，至今仍挥之不去，客观地说，也十分难以改变。它肯定不是自然形成的。如果用“公平合理”这个标准去衡量，它显然也是不符合的。正如人出生时的阶层就有不同，有人是农民的后代，有人是城市平民的子女，有人是“富二代”，这也是事实。但是，人就应该待在自己的阶层里吗？这种要求当然不合适。世界上有很多不平等，它们都是确切存在的，可能还会长期存在，但它们也都需要被消除。

美国目前是共和党执政。

完全没有问题。但我们不能保证几年后还是这样的，而且我们还需要思考：有哪些复杂的原因促进了这个局面的形成呢？

事实是客观存在的，但事实的产生并不全是客观作用的结果，而恰恰有很多是主观的、制度性的原因造成的。回到前面这个姓什么的例子。不同的制度造成不同的事实，也因此形成了不同的观点和观念。比如，男性传承姓氏的这种家族观念，又加剧了国人的“男孩偏好”，导致了堕胎、人口性别比例失衡等多种问题。而在以往和现存的一些母系民族中当然是完全不同的情况，问题也会不一样。

事实可以被作为证据来证明你的观点，但事实如此也不等于应该如此，这是实然性与应然性的区别。某人做了一件事，不证明这个人有做这件事的权利；而一个人有做某事的权利，也不证明他或她有义务要去做某事。

举两个简单的例子：

- 我的同桌昨天骂我 $\stackrel{?}{\Longrightarrow}$ 我的同桌应该骂我
- 女性可以生孩子 $\stackrel{?}{\Longrightarrow}$ 女性应该生孩子

我的同桌昨天骂我，但他并不具有骂我的权利。女性有生孩子的权利，但她没有义务必须生个孩子出来。如果你运用了“事实如此等于应该如此”这个逻辑，你就犯了**实然/应然谬误**：

- 马云有那么多钱，他为什么不捐一个亿出来？
- 你游泳那么好，为什么不去当游泳运动员，偏要来学物理呢？
- 这孩子学习能力很强啊，为什么他会不学习呢？

一定要清楚：我可以做什么，不代表我应该做什么，当然也不代表我就会不做什么。

现在呈现在我们面前的、已经发生或正在发生的“事实”，随着时间的推移，都可能被改变，并且有很多种可能性。比如，我国的婚姻法规定，孩子可以随父姓也可以随母姓，现在也有很多孩子使用母亲姓氏，我甚至还听过一个更有趣的故事。我教过一个户口本上没有姓氏的学生，据这个学生讲，因为妈妈跟爸爸说：孩子是我这么辛苦生的，为什么要跟你一个姓啊？爸爸于是也觉得：确实是这样哦，况且人为什么非要有一个姓氏呢？真没道理！就说：名字不过是符号而已，干脆什么也不要姓，自由取名好了。说到这儿，你可能会马上反驳我说：一直以来都是这样，这只是一种社会规则，肯定有其道理——咦？一直以来这样，就是对的吗？社会规则都是讲道理的吗？你可能又陷入了**诉诸流行/诉诸传统**的谬误圈套：

- 大家都这样啊，我这样有什么问题？

很多行人闯红灯而且都没有被罚款，所以闯红灯就是对的吗？我们就都可以这样做吗？——诉诸流行的逻辑是：大多数人这么做，它就是对的，但社会是在发展的，可能性是越来越多的，大部分人都做也并不代表什么。

没理可讲的人，除了依赖“大多数”，还会求救于“老祖宗”。诉诸传统有一个逻辑：传统的都是好的，古人的话都是对的。现在啊——不行了，世风日下。恨不能回到古代去才好。

你不能只用“以前都这样”来证明“现在也应该这样”，你还必须说出，为什么以前这样做是好的或正确的。若是只用“以前都这样”的逻辑，那么以前还有皇帝奴才、三纲五常，现在是不是也要这样？如果所有以前这样的现在也要这样，那还何谈进步和创新？

看到这里，你桀骜不羁的心有没有又活跃起来了？可能也有一点迷茫？你也许会好奇：既然每个人对同一事实的看法可能会不同，我们到底要怎样讨论问题呢？是不是真的“公说公有理、婆说婆有理”？

2. 如果没有人能完全客观，我们要站在什么立场上讨论问题？

针对这个问题，我们先来看这样一些主张：

热带鱼：我们应该以中立的视角看待问题，不要做出自己的判断。只说确凿的事实，就事论事，应保持不发表具体意见的完全中立立场，因为如果是别人的事，你根本就没有权利替别人做出判断，如果是跟自己相关的事情，我们也会因为带有立场而没法做到“旁观者清”，很可能做出错误的判断。

光头：既然没有人能够完全客观，那我们就应该在遵守最基本的律法和道德的基础上，从自己的利益出发进行讨论，这样起码可以让事情尽可能地向自己期望的方向发展。讨论就是在让步与表达想法间达到一个平衡，所以，面对同样问题的人尽可能多地表达符合自己利益的观点，最后不就能形成一个让多方满意的局面了吗？

三石：我们应当尽量站在别人的立场上思考问题，因为这样才能达成共识。只有当你站在他人的立场上时，你才能清楚地体会到别人关于这件事情的想法和心中的顾虑，更好地了解对方的用意。同时，如果对方也这样做，则可以在潜移默化中达成一种默契，相互站在对方的立场上思考，为对方着想，最终达成共识。

小花：既然没有人能完全客观，那就尽量将自己剥离出这件事情，不要让自己深陷其中。如果一个人讨论某事时自己仍处于事情当中，由于涉及自己在这件事中的利益，他或她看问题的角度很可能是不全面的，其言论的可信程度也会大大降低。我们可以尝试将自己与问题分离，站在问题外思考；当不能分离时，尝试换个方向，站在对立面思考问题；

综合上述多种角度，严谨地权衡利弊。

在看下去之前，你可以想一下，通过初步的判断，你会同意以上哪位同学的想法？为什么？

接下来，我们逐一梳理这些想法。

首先是热带鱼同学的主张。“只说确凿的事实，就事论事”当然是一种很公平的讨论原则，但“完全中立”“不做判断”就有点令人迷惑了：如果没有自己的判断，那讨论的意义何在？接着，他提出了一个两头堵的说法：如果是跟自己相关的事，则无法做到“旁观者清”；如果是别人的事，你又没法帮人做判断——那我们岂不是什么都看不清了？只好做一个“完全中立”的和事佬，事不关己，高高挂起，遇事三缄其口。这恐怕也不是我们说理和讨论的目的。

光头同学代表了相当一部分人的想法：我干吗不为自己考虑呢？

只从自我的角度或“选择性盲视”与全面地看待问题、最后得出的结论可能是完全不同的。以下是光头同学关于“我们是否应该少订外卖”这个问题发表的看法：

> 对于午饭选择不在食堂解决的人来说，出去吃和订外卖就成为二选一的问题。订外卖很方便，而且省去了跑腿的工夫，多远的餐厅美食都能让送餐员给你送到门口。而且外卖App上不时有优惠活动，省时又省钱。从个人角度考虑，我当然是支持订外卖的；从环保角度考虑，我也知道相比于到店吃，外卖会产生很多塑料垃圾，但是外卖的确给我的生活带来了便利，所以说订外卖还是利大于弊。

因为订外卖让“我”更方便，所以订外卖利大于弊。以结果是否对“我”有利来判断一个事件的好坏，而忽略了更大的环境因素，这种判断标准可不太行。如果少订外卖，那“我”吃饭多不方便呀！所以也就考虑不了污染环境那么大的问题了。这构成了**诉诸自利**的逻辑谬误，也就是：以自身的利益作为论证的唯一理由。况且，环境污染并不是真的“与我无关”，反而比是否点餐方便对我们的生活与健康影响更大。

一件事是否对“我”有利和它是否正确/是否为真，不是能够画等号的，不能简单地做出这种判断。

我们还经常听到这样劝人的：你这么做，对自己有什么好处啊？

你在对一个问题做出判断时，当然也需要考量是否对自己有利。但除非这件事的利益主体只有你自己——比如这个问题是你要不要每天吃一粒维生素C补充剂，否则你就不能只考虑自己的利益了。

三石同学则相反，他设想了一种很美好的状态：每个人都站在别人的立场上思考问题，因为这样能达成共识。三石的想法确实很高尚，“站在他人的立场上，清楚体会别人的想法，得知别人心中的顾虑，更好地了解对方的用意”这个初衷很好，如果每个人都能做到如此，世界大同之日可期也。但由此推断这样可以“在潜移默化中达成一种默契”的意思却比较模糊，不能从前文直接推出这个结论，况且我们讨论问题的目的不一定是“达成共识”——“我”理解了对方的顾虑和用意，不代表“我”会认同对方并与之达成共识，“我”不认同但也可以包容对方的想法。

换言之，如果想法总能“达成共识”，那人与人之间岂不完全趋同？这个现象不一定比大家彼此不认同更好。

最后，小花同学说：我们应当尝试将自己与问题分离，站在问题外思考；当不能分离时，尝试换个方向，站在对立面思考问题，并综合上述多种角度，严谨地权衡利弊。小花正在尝试站在一个更公允的视角思考问题，

作为自带自私基因的人类，我们多多少少都有这样的倾向：

- 愿意相信自己喜欢的人做的好事、不喜欢的人做的坏事。
- 愿意相信对自己有利的观念是正确的、对自己不利的观念是错误的。

这当然并不全是我们自身的问题，新闻媒体也会刻意地倾向于报道友邦的正面事迹、敌国的负面新闻。在即将实施某一政策之前，同样需要进行很长时间的正面宣传和铺垫。

所以，当你在分析一个问题时，你需要从不同的角度考量，有时甚至要站在自己的对立面。

此时，你可能想起了前一章中我花了很多篇幅来解释为什么要“表达自己真实的想法”——怎么又要表达自己的想法，又要考虑别人的视角呢？

实际上，它们并不矛盾，因为你自己的想法有可能是错的，站在不同立场上思考有助于你修正自己的想法，从长期考虑，这样可以避免形成思维的僵化和认知局限性。

我曾经看到有人对某新闻事件的评论是：“既然‘人不为己天诛地灭’，那么这样做就无可厚非。”这真令人哭笑不得：“人不为己天诛地灭”什么时候也能作为可靠论据出现了？也促使我

思考另一个问题：人为什么要为别人考虑呢？我们从小经常接受“要无私奉献”“舍己为人”这样的教育，却从没有人告诉过我们为什么要“无私”？将这么高的一个标准作为一个普遍的社会伦理标准实在不太现实，“无私”是个太高的境界了——就是三石提出的“每个人都站在别人的立场上去思考”，显然不是所有人都能做到，但我们起码可以要求每个人“公允”地去做判断，而不是只以“是否对我有利”为标准。

但这是为什么呢？我为什么要去做一件明明对我没有利益甚至减损自身利益的事情？考虑一下如下理由：

- 如果每个人都只从自身利益出发去思考和决断，社会契约将被破坏。想象世界是一盒积木，每块积木形状各异，并可以自由地搭出各种形状，但还是要遵循一些基本的原则，比如一块三棱柱积木硬是要孤零零地搭在一个球形积木上面，那整盒积木都要塌了。人类社会也是花了很久才达成现在的契约，形成了《联合国宪章》《不扩散核武器条约》，如果有些国家单从自身发展的角度说“这些对我国没用，我国就退出了”，那对国际社会造成的恐慌就可想而知了。

- 这是一种基于同理心的思考。你并不知道你在何时会处于弱势，你一定不想在另一种情况下，占据有利条件的人会拿走你所有的东西。这虽然也是对从自身功利角度出发的一种思考，但它同时涉及了对公平的考量。

还记得我们之前做过的那个“每个人拿出 100 元钱”的活动吗？其中选择奖惩方式，就是你在完全不知道活动内容的情况下进行选择，这个环节经常会出现有趣的场景。美国的政治哲学家罗尔斯曾经提出，人在“无知之幕”背后，也即对未来毫无了解的情况下，才能做出最公正的选择。他的理由是：只有这样，由于你不知道自己会不会成为最弱势的人，最终的方案才会是有利于最弱势者的。[①] 我们的活动就是如此。

一般来说，我会提供两种奖惩方式供选择：第一种是最后输的人每个人出一元钱给赢的人买糖。一元钱对于大家来说都不算多，赢的人吃到糖也会很开心。第二种则更加刺激，赢的人可以在总成绩中加 3 分，输的人每个人会扣掉 0.3 分。经过讨论，必须所有参与者达成一致。几乎每一次，讨论的最终结果都是买糖，偶尔会有两三个人倾向于加减分的方案，但都立刻被其他人说服——或者不如说，只要有人提出想要加减分，大家立刻很惊恐地说：“不要不要！”即便明明可以通过其他方式获得加分，但几乎所有人都不愿放弃 0.3 分。唯一一次出现了完全不同的方案。这个班最终的讨论结果不但挑战“权威”，而且颇具创意：同学们提出，最后赢的那个人可以加 3 分，并由他或她来给大家买糖。赢的人很开心得到 3 分，并乐意买糖给大家——一包糖很便宜。其他人没有得到加分，但也有糖可吃，讨论愉快地进行，大家都不需要为了赢得投票而取悦别人。这可以说是自开课以来的创举。罗尔斯也曾提出，社会契约要基于互惠性。他不会想到，他的理论在这节课上戏剧性地体现了出来。

回到我们在热身中提出的那个问题，你写出了多少种偏

① 桑德尔．公正：该如何做是好？．朱慧玲，译．北京：中信出版社，2018：159.

见？有些偏见是无意识的偏见，它们长期潜伏在你的思维中，当你看到某一个词、某一类人时，就会产生负面联想，甚至你自己都没有意识到那是一种偏见。比如：

小花：体育老师说女生反应慢。

光头：以前的班主任说谈恋爱的都是坏学生。

三石：有人说某个省份的人当中小偷特别多。

热带鱼：自杀的人都是自私的。

灰犀牛：内向的人无法做好领导者。

长颈鹿：我爸说我妈头发长见识短。

盼盼：我妈觉得长得胖的人会很蠢。

杠杠：女生穿得凉快一点就被说品行不好。

小渔：我的外地亲戚都觉得北京小孩上大学很容易（配合一声无奈的叹息）。

希望这些能促进你反思：我的思维中包含了什么偏见？我是不是选择性忽略了与我根深蒂固的偏见不相符合的证据？

第三章

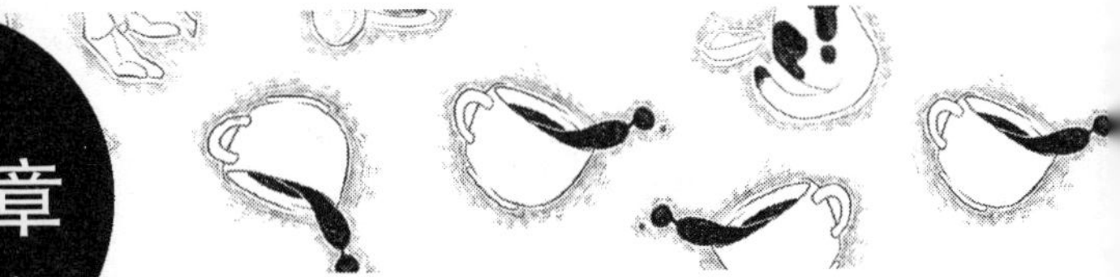

说理写作需要做研究

我们已经花了很长的篇幅来进行写作之前的心理建设，以及说明你需要遵循的说理原则，接下来终于要开启写作的步骤。如果一定要总结出说理写作的“套路”，那么就是第三章和第四章了！

简单来说，一段说理的文字要包含几个核心要素：主张、理由、推理过程、证据，并在合适的时机回应可能出现的反对意见。

提出理性的主张需要你掌握做出良好判断的方法。你的证据需要对读者来说是可以接受的；理由则是联结证据和主张的纽带，它需要与主张相关并且充分。你在写作中最关键的任务就是将这个推理过程以恰当的方式表述出来。同时，你还需要避免逻辑谬误的陷阱——它们很多都是我们日常的定式思维，不容易被发现。回应可能的反对意见也非常重要，适时的回应在增强说服力方面的效果事半功倍。

让我们沿着这个路径逐一破解这些方法吧！

每一篇文章应该包含一个核心的探究问题，在书中我们始终围绕这个问题展开研究与讨论。提出一个好的探究问题是说理写作特别关键的一步。你会发现，我将花很长的篇幅来解释一个好的选题需要具备哪些条件，以及如何进行背景资料的查阅。因为如果你最开始提出的探究问题出现偏颇，或者寻找材料的来源混乱，那么还没等开始论证，你就已经“输在了起跑线上”。

一、什么问题可以说理

热身

从下面三个话题中任选一个，定一个三分钟的闹铃，在这个时间内写出关于这个话题你能想到的所有关键词。

- 动物权利；
- 言论自由；
- 青少年性教育。

不需要很规矩地写，可以用你觉得舒服的方式随便乱写，不要打断自己的思路，不要停下来，直到闹铃响起。

首先，我们需要注意，不是所有的问题都适合进行说理。如果你一定要跟我争论：酸奶和可乐哪个更好喝？红黄蓝当中哪种颜色最好看？最终我们多半会不欢而散，因为这只是个人口味和审美偏好的问题，没法通过理性的探讨来解决。

那么，什么是能够说理的问题？我们往往会看到一些很宏观、包罗万象的作文题目，比如“包容”，这实在是太宏大了，我也不知该如何下笔，只有当它们转化成一个更具体、更有针对性的题目时，才能够有效说理。

按照陈嘉映老师在《说理》中的讲法，说理包括因事说理和离事说理。[①] 因事说理是就某一事件、现象来发表看法，重要的是就事论事，不要东拉西扯。而离事说理是针对一个抽象的命题发表看法，相对也更难一些，要把道理讲清楚，又不能“假大空”，这很需要厚重的理论基础和材料支撑。远说恩格斯的《家庭、私有制和国家的起源》，近说因 1978 年《实践是检验真理的唯一标准》一文引发的全国开展的关于真理标准问题之大讨论，都是离事说理的代表。

离事说理当然非常重要，它能给我们提供更宏大的理论框架、更广阔的思考空间。不过，我们这个阶段学习说理，最好是从因事说理开始。在日常生活中，也是因事说理更多，因为说理不是为了空说，说出道理来干什么？终究是要去解决生活问题的。越是高度概括的观点，譬如“人生而平等”“文化与精神相互塑造”，越需要更全面和深入的阐释。

以往作文的问题很多时候是因事说理和离事说理混淆不清，要么一定要从一件小事中讲出非常带有普适性的道理，要么阐述一个宏大道理却用极偶然的小事来说明，其中难免出现偷换概念的情况。以小见大当然没错，但有时也会演变成上纲上线。比如在公交车上看到有小朋友给老年人让座，定要发一通“少年强则

---

① 陈嘉映．说理．北京：华夏出版社，2011：6.

国强”或是“中华民族传统美德”“正能量”之类的感慨。有一次我和教创意写作的老师聊天，令她非常头痛的问题也是如此：看到一篇本来很好的文章，写今天去香山玩耍，非常开心，结尾却一定要加上“这次活动让我看到了祖国的大好河山，我爱祖国!”着实让人无奈。

那如果让你自主命题来写一篇说理文章，你会选择什么题目？这是我们接下来要关注的主题：选题。

选题最重要的是：你感兴趣的。这不是一项技术性的建议，但我很真诚地希望你这么做。之前我们看到更多的是命题作文，比如考试的时候，你必须就某一个题目写一篇文章出来。但在你开始写作并练习的过程中，我非常建议你从自己感兴趣的话题中选择。比如，如果你对时政不是特别感兴趣，我就不推荐你先去从新闻里找选题，以免打消自己的积极性。你喜欢流行音乐，那么完全可以选择一些“你是否支持售卖演唱会周边产品”这样的题目来找找感觉。

你所探讨的问题还需要满足这些条件：

- 有争议性/能引发好奇；
- 聚焦；
- 清晰；
- 不带有偏见/预设立场。

我们来具体解释一下。

1. 有争议性/能引发好奇

争议代表了讨论价值，如果一个问题已经有确切答案了——

如中国的人口在近十年的变化呈现什么趋势？——只要查找资料即可得知，这就不需要“说理”了。或者所有人包括你自己都认同某一种观点——譬如一些基本的伦理道德——我们也没有必要一遍又一遍再去强调它。可以说，争议性越大，讨论价值也越大。比如，我们看到一个事件：

> 某教育局提出了“晚十点不作业”的倡议，即为了确保青少年的充足睡眠，向家长提倡“如果您的孩子晚十点后还没完成作业，我们建议选择不做，只要您郑重签字，第二天递交给老师即可”。[①]

现在从这个事件中选择一个你可以在文中探讨的问题。如果你选了一个叫作“熬夜对青少年身体健康的危害”的问题去讨论，除非你有重大科研发现，否则你就是在做文献综述。救救老师吧，即便你只是给老师交作业而不是去报纸上发表评论，我们也不想看这样的文章！

你可以尝试寻找这中间有什么样的冲突：学生写不完作业，不一定是因为作业太多，可能是学生效率低，甚至是因为看电视、打游戏而没有好好做作业。如果是这种情况的话，这个举措就不太合适了。这个写作业和睡眠的冲突，有什么根本性的原因吗？

这个举措将带来什么影响：它能够有效帮助学生平衡学习和睡眠吗？

---

① 胡欣红．晚十点不作业，还孩子睡觉权．新京报网．(2018-03-02)［2019-05-25］．http：//www.bjnews.com.cn/opinion/2018/03/02/477424.html.

有什么改进的可能性：这个举措只是个倡议，家长可能并不配合（你无法强制家长去做），怎样能有效地让家长配合呢？对于青少年熬夜的问题，是不是有更好的方法呢？

这都是一些可能的争议点。

你还有另外一个思路，就是找到这一话题中“使人好奇的点”。

虽然我们一直强调，尽量从多方面去考察问题，在文中体现你对各种立场观点的研究，然而有些事件的性质已经是现代社会的基本共识，比如近些年各地冒出的“戒网瘾学校”，这些“学校”的手段十分残忍，使用电击、殴打、拘禁等方式对待青少年。那么，有的同学也硬是要分别从正反两方面来论述，分析出电击、殴打、拘禁的好处来，这就令人哭笑不得了，因为这些行为已经侵犯了公民的人身自由，违背了人道主义的基本底线。针对这个事件，我们的切入点就不能是单纯的这类戒网瘾学校“应不应该存在”，因为它显然是个不应该存在的东西嘛！你可以分析它屡禁不止的原因——这是个引发好奇的点：奇怪了，这些地方使用如此非人道的手段，简直是魔窟了，但还是有人推崇它甚至大肆宣扬它，家长甚至都趋之若鹜，这到底是什么原因？我们的社会还有什么土壤能让这种“学校”存在？这些“学校”如何通过了教育部门的审查？这些才是需要思考的问题。

2. 聚焦

杠杠：你想好怎么写说理写作的作业了吗？

小渔：我想写关于教育改革的问题。

杠杠：挺好的，但“教育改革”这个概念也太大了吧……好多教育专家研究了这么多年都争议不断，你起码要明确一下是哪里的教育改革。

小渔：当然是我们学校的改革了。你看啊，我们学校改革了这么多年，不管什么方面都跟别的学校不一样，是不是挺值得写的？

杠杠：没错，但是……你想写哪方面的改革呢？

小渔：都可以写啊。书院制、导师制、选课、讨论课、项目制、用电脑写作业，还有体育课的形式……太多了！

杠杠：是的，但你不觉得如果方方面面都涉及，就可以写一本书了吗？你可以从刚才那些制度里面挑一个来写。你觉得哪项改革比较有争议？

小渔：咱们的改革好像都挺有争议的……

杠杠：（尴尬的微笑）这倒是。那要看你对哪项措施最想发表看法。

小渔：我对上课方式有点想法。

杠杠：具体来说呢？

小渔：就是上课总是要用电子设备。

杠杠：太棒了！这是一个长期讨论的问题了，而且相当有争议。

小渔：我觉得我可以讨论“上课是否应该使用电子设备”。

杠杠：但是电子设备还是分挺多种的，电脑、手机，都是，甚至录音笔也算啊！这些情况都不太一样。

小渔：你说得有道理。这些当中，关于手机的争议最多。不如就确定为“我校是否应该允许学生上课使用手机”？

杠杠：太棒了，这样就比较清晰了！

过于宽泛的范畴会让你无从下笔，比如小渔一开始就想直接写“教育改革”，天啊，想想吧，如果你写一篇文章叫作《论教育改革》，你到底要从何处开始呢？在杠杠的帮助下，小渔一步一步地找到了自己最关注的点：教育改革——我校的改革——上课方式的革新——上课使用电子设备——上课使用手机——我校是否应该允许学生上课使用手机？

是否要讨论抽象的问题，这取决于你自己。例如，你要讨论“性别平等”相关问题，你当然可以确定诸如“如何解决性别不平等问题”和“到底怎样才算真正实现了性别平等”这样的研究题目——这也就是我们刚刚说的离事说理。但除非你对这个领域做了大量研究和考察，并有很深刻的了解（我们当然也不排除这种可能性），你才能写出一篇深入浅出的文章。如果摊子铺得太大了，你就需要考虑关于这个话题各个方向、各种学派的立场和观点，在有限的时间和篇幅内很难深入地就一个方面讨论下去。所以，当你面对一个仅仅是有兴趣了解的问题时，我建议你找到一个更小的切入点，从引起你注意的某个事件或现象入手。比如：

- 我国是否应该通过规定人大代表中的女性比例来保障女性的参政权？
- 某市地铁设立“女性车厢”是否必要？

这些题目都可以让你从一种具体的现象入手，去探索它的深层原因，乃至社会中存在的造成此现状的结构性问题。

3. 清晰

对选题来说，清晰是一个相当重要的因素。因为你所有的论述都要围绕一个核心问题展开，如果这个核心问题模模糊糊，最后会让自己和读者都如坠云雾，不知所云。

如果是针对一个具体的事件或现象，不清晰会造成很大的误解。譬如：

政府应该出台什么政策将年均 PM2.5 指数降到最低？

（到底多低算“最低”呢？）

在你的选题中，每个词的含义都需要清晰和明确。

情侣在书院活动室秀恩爱的行为合适吗？

（这里的“秀恩爱”是指什么行为呢？这本身就是一个很模糊的词。）

你尤其要警惕“经常”“很少”“几乎”这样的程度副词，它们的界定是很模糊的。比如，我说“我家的院子里有很多棵树”，是 10 棵、20 棵？还是平均一米一棵能算“很多”？

选题不清晰，文章会变成什么样呢？小浣熊同学在没有学过说理写作之前写了这样一篇文章：

抵制“心魔”

这个题目看起来还挺吸引人的，让读者挺想知道“心魔”是什么。

在这个物欲横流的时代，理智的行为可谓越来越少；为了自己内心的满足，人们能做出他人无法想象的事。网上还有一盆盆的心灵鸡汤给人们灌输“要顺应你内心的选择”。我倒觉得，与其用行动去抵制一些使我们受伤害的东西，不如去抵制自己的“心魔”。

这里对“心魔”的定义似乎是“不良的内心选择”，但这个概念是很模糊的。

美国部署萨德系统，而这个系统针对的就是中国，会给我们的国家安全带来很不利的影响。韩国乐天集团为萨德系统提供了支持，这当然激起了国人的极大不满。在当时的“反韩”热潮中，中国大部分乐天超市倒闭了，许多中国员工遭到人身攻击和辱骂。这些“喷子”对反对萨德系统起到了什么实质作用呢？反而是对本国人大打出手，这难道是我们的初衷吗？无独有偶，之前与法国关系紧张时，也有人去砸家乐福超市，超市外面是中国人，里面是中国员工，打来打去都是自己人，而法国的家乐福还好好地开着。

不久前，杜嘉班纳的“辱华”风波又引得国内一片哗然，网络水军重现江湖，他们高喊：“让杜嘉班纳滚出中国！”杜嘉班纳的董事会本来还非常紧张，在视频里集体道歉。然而，谁能想到，才不过一周，杜嘉班纳就删除了这段视频，董事长还扬言 ：“中国人不长记性，过两天还会来买”。这段话再一次将杜嘉班纳放在了风口浪尖，网络喷子们又集体出动，各处发表抵制言论，这场网络之战轰轰烈烈，持续良久，而事实上，杜嘉班纳的董事长并没有说错，中国人所谓的“抵制”都放在嘴上，顶多在家里动动键盘，根本没有用。

这两段就完全没有提到“心魔”了，看上去是想举例说明“不理性的后果”。

我认为，只有当“抵制”能够成为一种社会风气，成为一种每个人心中应有的责任，这种抵制才是真正的有效。外卖行业占我国餐饮业的份额越来越高，外卖的安全问题也逐渐浮现——地沟油、过期材料、加工地点的不卫生……不胜枚举。随着群众的举报、媒体的报道，有关部门介入调查，以及许多名人也站出来发声，就这样，一些存在卫生问题的黑心商家正暴露在人们面前，并得到了应有的惩罚，这不仅推动外卖行业的发展，更是保证了大多数人的健康。随着每个点外卖人的警惕意识的提高，大家也懂得去抵制黑心商家，让一些不良商家没有退路，只好退出外卖行业，让我们的生活得到了保障。

看到此处，我们终于知道，“抵制”这个词在文中有两种意思，一种是说“抵制心魔”，另一种是说“抵制黑恶势力”……

从另一个角度来看，抵制“心魔”也另有深意。比如现在有很多人说要抵制奢侈品消费，把出租车司机“仇富杀人”和大学生借高利贷买奢侈品这些事件都归结为奢侈品的错。可是，出租车司机的问题显然是司机的价值观扭曲和心理问题，大学生借高利贷买奢侈品的主要原因也是盲目跟风和攀比的病态消费观。所以，我们要做的不是抵制奢侈品消费，而是抵制“心魔”，抵制自己内心超出承受范围的欲望。

应当加强教育，让人们树立正确的理性的消费观念。换句话说，如果没有正确的消费观，即使中国全面抵制奢侈品消费，这些人也会在其他方面进行攀比来满足自己的虚荣心。

这里的“心魔”又是“超出自己（经济）承受范围的欲望”。

所以，我们需要理智地面对自己和世界，尤其是面对我们内心中相当抵触的东西。我们不能用特殊或者很激烈的手段，这样反而会适得其反。从我们内心把一种行为或是一个人或是一件事悄悄“拉黑”，从内心抵制才是真正最有效的手段。

小浣熊的这篇文章先提出了“抵制‘心魔’”，但又没有明确这里的“心魔”到底是什么。而且“抵制”得也比较混乱，一会儿关于抵制外国企业，一会儿关于抵制奢侈品，一会儿关于抵制自己的不合理欲望。前面说用行动抵制不如内心抵制，后面又说不能只动动嘴，要用实际行动抵制。标题中两个词的含义从头到尾都不清晰。

语义模糊也是一种**偷换概念**的逻辑谬误，有时会被拿来混淆视听，迷惑你的关注点。它包括有意或无意模糊一个词的不同含义，将不同语义混用，或者内涵和外延混用。

比如：

没洗的苹果不能吃，自来水不能直接喝。那为什么自来水洗的苹果就能直接吃？

可是想一下：洗苹果之后留在苹果上的自来水量和你用来解渴的自来水量完全不一样嘛。

“白马非马”的诡辩也是这样。“白马是马”这里的“是”其实是“属于”的意思，而不是完全等同的意思，而咬定“白马不是马”却硬要将它理解成这个意思。

总之，要先明确一个论题到底是什么意思，其中每个词都要含义确切，从而确定一个清晰、明确的论题，你才有可能写出清晰、明确的文章。

4. 不带有偏见/预设立场

还记得上一章，我们做过的“写出 20 条偏见”的游戏吗？偏见无处不在，你很可能具有一些潜意识偏见，从而提出隐含了偏见的选题：

> 如何解决一线城市大龄剩男剩女的问题？
>
> （“剩男剩女”这个说法本身就是包含偏见的，这里面已经有了一个隐含的判断：不结婚的人＝“被剩下”的人，他们/她们的不婚是个问题，需要被“解决”。）

事实上，许多词语本身就是含有偏见和歧视的。我们的社会正在通过语言表述的改良逐步消除偏见和歧视，显见的譬如长久以来的“老年痴呆症”这个说法已经被“阿尔茨海默病”这一名词所取代，“聋子”“瞎子”等包含侮辱性的说法已经逐步被替换为“听障/视障人士”，不太明显的诸如“嫁人”“娶媳妇”这样隐含了婚姻和家族权力关系的词也有更为中性的“结婚”来表示。我们在写文章时尤其需要注意，不要使用这些“有负担的语言”。

同样的，你可能在开始研究这个问题之前就预设了立场：

随意评价别人生活是正确的吗？

（“随意”当然不对了，还有什么可讨论的？）

学校怎么就不能允许学生在活动室打游戏呢？

（你显然是认为学校应该允许这种行为，那我们就无法讨论了。）

我们是否应该给那些因挑战人性底线行为而获罪的刑满释放人员补贴？

（这根本没有给别的选择。先给刑满释放人员一个“穷凶极恶”的标签，再来探讨是不是要给这些人补贴，我无法好好地为这些刑满释放人员争取保障了，因为在情感上没法接受。）

总结

选题：

- 有争议性（想想有什么冲突、影响、可能性？）/能引发好奇
- 聚焦：可讨论的问题，拒绝宽泛
- 清晰：用词不模糊
- 不带有偏见/预设立场

警惕逻辑谬误：

- 偷换概念
- 语义模糊

在准备就一个话题开始选题时，你可以试试热身中的方法。以下有一些选题供你参考：

● 动物权利。

被送到动物救助站的动物一周无人领养便实施安乐死这个规定合理吗？

我们是否应该提倡素食？

动物权利保护和皮草行业如何协同发展？

● 言论自由。

言论自由应当包括发表“仇恨言论”的自由吗？

微信公众号的留言只能被“精选”发表的功能是否合理？

“后台删帖”是有效的舆论监管方式吗？

● 青少年性教育。

是否应该在青少年性教育教材中介绍多元性别？

青少年性教育是否应该分性别进行？

青少年性教育应当强调避孕知识吗？

实际上，我一直不建议以命题作文开始写作的学习，因为写你不感兴趣的东西是挺痛苦的过程，也不能让你想要往下写，既然如此，你也实在很难写出让别人想看下去的东西。更多的时候，我们可以针对新近发生的、有争议性的问题表达自己的想法，由此进行说理。比如，小浣熊同学就针对身边发生的一件事发表了自己的观点。

我校食堂中午延长供餐时间是否必要

我校近期出现了这样一个争论——部分选了中午加课的同学一点钟才下课，吃不上食堂的午饭，而家长又担心外卖不健康，建议食堂延长供餐时间。对于此问题的讨论，在我看来，是极没必要的。

首先，我们来关注家长们担心的食品安全问题。外卖卫生问题在之前确实比较严重。2016上半年，北京市食品药品监督管理局投诉举报中心就收到对三大订餐平台的投诉举报228件，不过，之后就进行了连续的监管打击，各大网络订餐平台纷纷下架无证商户，并规定对于不具备食品经营资质的经营者，不得允许其在平台开展食品经营活动。不可否认，现在依旧存在一些监管打击下的“漏网之鱼”，但学生可以选择知名度高、有明确地址的餐饮企业，便可以解决这个问题。

其次，补课的只是少部分同学，因为不涉及全部同学，食堂延时便产生了困难。延长哪个窗口，该准备大约多少份饭菜才能减少浪费，都是需要经过调查才能得出结论的。若是只开放一个窗口，补课的同学们每天都要吃同样的抑或是不喜欢的饭菜，相比之下，外卖便更具优越性。若是轮流开放各个窗口，食堂又要每天准备不同的饭菜，增加成本。如此看来，反而是外卖可以提供更多的选择，保证营养均衡。

并且，既然要延长食堂供餐时间，饭菜从质量上也要有所保障。可是，在冬天或是放置时间过长，饭菜很容易放凉而导致口感和营养下降。这时有两种解决方法，一是食堂工作人员延长工作时间重新热饭，二是学校出资添置可以保温的设备，但是无论哪种都有弊端，相比之下，能够及时送到的保温外卖占了很大优势。

此外，部分补课的同学这种状态的持续时间也只有一个学段。到了下个学段，因补课而不能中午吃食堂的又将是另一批人，他们是否有意愿去食堂吃饭，他们的家长是否也有相同的顾虑，我们又需要另做考察。

综上所述，我校食堂为小部分人中午延长供餐时间受限多，且必要性不大。食堂当然也可以采取折中方案，比如提供打包服务，需要的同学可以由朋友代买。

写散文、写诗讲究“有感而发”，其实说理也一样。在这方面，鲁迅是一个很经典的代表，我们不妨来看一篇他的文章。

论“人言可畏”

“人言可畏”是电影明星阮玲玉[①]自杀之后，发见于她的遗书中的话。这哄动一时的事件，经过了一通空论，已经渐渐冷落了，只要《玲玉香消记》一停演，就如去年的艾霞自杀事件一样，完全烟消火灭。她们的死，不过像在无边的人海里添了几粒盐，虽然使扯淡的嘴巴们觉得有些味道，但不久也还是淡，淡，淡。

这句话，开初是也曾惹起一点小风波的。有评论者，说是使她自杀之咎，可见也在日报记事对于她的诉讼事件的张扬；不久就有一位记者公开的反驳，以为现在的报纸的地位，舆论的威信，可怜极了，那里还有丝毫主宰谁的运命的力量，况且那些记载，大抵采自经官的事实，绝非捏造的谣

① 1935年3月，阮玲玉因婚姻问题受到一些报纸的毁谤，自杀身亡。——原书注

言，旧报具在，可以复按。所以阮玲玉的死，和新闻记者是毫无关系的。

这都可以算是真实话。然而——也不尽然。

前两段给可能不了解这件事的读者一些背景信息。记者的公开反驳有两点：报纸的地位大不如前；报纸的记载不是谣言。得出结论：阮玲玉的死，和记者是无关的。对此，鲁迅直接提出了自己的观点：这不全是真的。

现在的报章之不能像个报章，是真的；评论的不能逞心而谈，失了威力，也是真的，明眼人决不会过分的责备新闻记者。但是，新闻的威力其实是并未全盘坠地的，它对甲无损，对乙却会有伤；对强者它是弱者，但对更弱者它却还是强者，所以有时虽然吞声忍气，有时仍可以耀武扬威。于是阮玲玉之流，就成了发扬余威的好材料了，因为她颇有名，却无力。小市民总爱听人们的丑闻，尤其是有些熟识的人的丑闻。上海的街头巷尾的老虔婆，一知道近邻的阿二嫂家有野男人出入，津津乐道，但如果对她讲甘肃的谁在偷汉，新疆的谁在再嫁，她就不要听了。阮玲玉正在现身银幕，是一个大家认识的人，因此她更是给报章凑热闹的好材料，至少也可以增加一点销场。读者看了这些，有的想："我虽然没有阮玲玉那么漂亮，却比她正经"；有的想："我虽然不及阮玲玉的有本领，却比她出身高"；连自杀了之后，也还可以给人想："我虽然没有阮玲玉的技艺，却比她有勇气，因为我没有自杀"。化几个铜元就发见了自己的优胜，那当然是很上算的。但靠演艺为生的人，一遇到公众发生了上述的前两种的感想，她就够走到末路了。所以我们且不要高谈什么连自己也并不了然的社会组织或意志强弱的滥调，先来设身处地的想一想罢，那么，大概就会知道阮玲玉的以为“人言可畏”，是真的，或人的以为她的自杀，和新闻记事有关，也是真的。

对开头记者的第一个理由给以反驳并给出理由、举出例子。需要提醒你的是：鲁迅惯用讽刺的语气，你可要跟上他的思路哟！

但新闻记者的辩解，以为记载大抵采自经官的事实，却也是真的。上海的有些介乎大报和小报之间的报章，那社会新闻，几乎大半是官司已经吃到公安局或工部局去了的案件。但有一点坏习气，是偏要加上些描写，对于女性，尤喜欢加上些描写；这种案件，是不会有名公巨卿在内的，因此也更不妨加上些描写。案中的男人的年纪和相貌，是大抵写得老实的，一遇到女人，可就要发挥才藻了，不是“徐娘半老，风韵犹存”，就是“豆蔻年华，玲珑可爱”。一个女孩儿跑掉了，自奔或被诱还不可知，才子就断定道，“小姑独宿，不惯无郎”，你怎么知道？一个村妇再醮了两回，原是穷乡僻壤的常事，一到才子的笔下，就又赐以大字的题目道，“奇淫不减武则天”，这程度你又怎么知道？这些轻薄句子，加之村姑，大约是并无什么影响的，她不识字，她的关系人也未必看报。但对于一个智识者，尤其是对于一个出到社会上了的女性，却足够使她受伤，更不必说故意张扬，特别渲染的文字了。然而中国的习惯，这些句子是摇笔即来，不假思索的，这时不但不会想到这也是玩弄着女性，并且也不会想到自己乃是人民的喉舌。但是，无论你怎么描写，在强者是毫不要紧的，只消一封信，就会有正误或道歉接着登出来，不过无拳无勇如阮玲玉，可就正做了吃苦的材料了，她被额外的画上一脸花，没法洗刷。叫她奋斗吗？她没有机关报，怎么奋斗；有冤无头，有怨无主，和谁奋斗呢？我们又可以设身处地的想一想，那么，大概就又知她的以为“人言可畏”，是真的，或人的以为她的自杀，和新闻记事有关，也是真的。

然而，先前已经说过，现今的报章的失了力量，却也是真的，不过我以为还没有到达如记者先生所自谦，竟至一钱不值，毫无责任的时候。因为它对于更弱者如阮玲玉一流人，也还有左右她命运的若干力量的，这也就是说，它还能为恶，自然也还能为善。“有闻必录”或“并无能力”的话，都不是向上的负责的记者所该采用的口头禅，因为在实际上，并不如此，——它是有选择的，有作用的。

以上两段又对于记者的另一个理由和结论进行了反驳。

结尾两段是抛开对记者的反驳，是作者对此事的观点。结尾并不是对上文的简单总结，而是引出更深层的问题。

至于阮玲玉的自杀，我并不想为她辩护。我是不赞成自杀，自己也不豫备自杀的。但我的不豫备自杀，不是不屑，却因为不能。凡有谁自杀了，现今是总要受一通强毅的评论家的呵斥，阮玲玉当然也不在例外。然而我想，自杀其实是不很容易，决没有我们不豫备自杀的人们所渺视的那么轻而易举的。倘有谁以为容易么，那么，你倒试试看！

自然，能试的勇者恐怕也多得很，不过他不屑，因为他有对于社会的伟大的任务。那不消说，更加是好极了，但我希望大家都有一本笔记簿，写下所尽的伟大的任务来，到得有了曾孙的时候，拿出来算一算，看看怎么样。

五月五日。①

二、考察问题的背景

热身

回忆一下你熟悉的童年故事《小红帽》。尝试去寻找更多不同版本的《小红帽》，并考察不同版本的写作目的有什么不同。

我们已经知道，选择一个说理问题最重要的原则是该问题有争议性，那么就涉及一个问题：为什么这个问题如此有争议，大家特别关注，想法如此不同？

这就需要我们追根溯源，搞清楚这个问题最初的样子，并考察关于这个问题的每一种观点。仔细想想，我们经常是拿到问题先进行判断，再千方百计地找理由。比如三石、长颈鹿和盼盼同

① 鲁迅．鲁迅杂文精选．北京：人民文学出版社，2003：287－290．本文最初发表于1935年5月20日《太白》半月刊第2卷第5期，选自《且介亭杂文二集》。

学发生了一段关于“公理”的对话：

三石：世界上是有公理存在的，运用公理去分析问题肯定没错。

长颈鹿：你这里的公理指什么？

三石：大多数人都认同的道理。

盼盼：在古代几乎所有人都认为女孩子不用上学，这可以被称为公理？

三石：没法跨越时代讨论问题，只能说是当时的大多数人都认同。

盼盼：所以公理是大多数人在某一个时期认同的道理？可以理解为，公理的意思就是当时的社会舆论？但如果舆论是错的呢？

三石：谎言说一万遍就是正确的。

长颈鹿：那么，如果有一天杀人可以不负责，成了社会上大多数人认为正确的事呢？

三石：不可能出现这种情况，人类社会上就没出现过这种情况嘛。

长颈鹿：再比如清末的时候，大多数老百姓还是死守封建礼教，只有少部分接触过新思想的人觉得需要民主和科学，这时候的公理又是什么呢？

三石：公理就是最初的、无法被证实的东西。就像数学大楼是从“1+1=2”开始盖的，然而“1+1=2”是没有被证明的。民主和科学就是这样的东西。

三石同学先提出了“世界上是有公理存在的，运用公理去分析问题肯定没错”，在长颈鹿和盼盼追问他关于这个“公理”的含义时，他不断地修改定义，以证明自己最初的观点是正确的。但在这个过程中，我们看到了一些前后矛盾和假证据。比如“大多数人在某一个时期认同的道理”和“最初的、无法被证实的东西”，还有“杀人可以不负责在人类历史上从来没存在过”和“谎言说一万遍就是正确的”。这就是另外一种形式的偷换概念，这种逻辑谬误叫作**没有真正的苏格兰人**。即：在发现无法自圆其说时，通过随意修改定义来改变自己之前所说的意思。

> 我当然不认同用暴力解决问题，但父母打孩子情况不一样，这只是家庭内部矛盾，不能算是使用暴力。

显然，这位朋友先是否认自己认同暴力，又说父母打孩子不算暴力。那么，到底什么是“暴力”呢？

我们在平常很容易忘记说理的目的，看到一个事件，马上形成判断，并不在意真相是不是清晰，只是想出一些理由和证据去支持它，或者只关注支持自己判断的证据；不仅如此，我们还很怕发现与这些最初判断不一致的证据。在说理写作中，我们需要挑战一下这种方式。当然，并不是说你看到一件事不能马上形成判断，因为形成判断是一种很正常的反应，而是说，不要固守这个判断不放，在形成初步判断之后仍需全面地探索问题，审视各方立场，最终形成自己的结论，这才是说理的正确打开方式。简单归纳起来就是：**初步判断—信息收集—整理评估—观点表达**。

考察一个问题的背景，你需要这样几个步骤：

- 从包含着各种态度的文章中抽离出事实；
- 找到并列出各方针对此事的理由和论证；

● 综合事实，评估各方理由和论证，形成自己的判断。

请注意，我们现在要找到的不是“对的观点”和“支持我的初步判断的观点”，而是“所有的观点”。对问题背景的考察至关重要，它能够有效帮助你全面了解论题。你搜集信息的过程是不断冲击自己初始判断的过程。

这时，我们不得不讲讲可靠的信息来源。我们生活在一个信息充盈的时代，这是一个最好的时代，也是一个最坏的时代。能够随手获取信息，但也更需要我们自身的判断能力。回想一下你日常主要的信息来源：各种形式的媒体、搜索引擎、书籍、口耳相传……

1. 媒体

2018 年 8 月 6 日，《人民日报》官方微博发布了一条信息：

> 【#你好，明天#】雅加达亚运会举行在即，“电竞国家队”将出征表演赛。曾经的不务正业，正变成一项体育事业。游戏擂台上的激情，与现实世界的奋斗一样能赢得敬意。但是，电竞可以为游戏正名，却不能为游戏冠名。缺乏自控的人不可能成为头号玩家。扬眉吐气更要凝神定气，如此才能让电竞的春天尽早到来。[1]

---

① 《人民日报》官方微博．(2018 - 08 - 06) [2019 - 05 - 25]．https：//weibo.com/2803301701/GtrhGagMQ? from=page _ 1002062803301701 _ profile&wvr=6&mod=weibotime&type=comment# _ rnd1558780139378.

这是之后的几个网站报道的标题：《人民日报深夜发文：电竞可为游戏正名》[①]《人民日报鼓励电竞国家队出征！玩家：电竞是最好的游戏防沉迷！》[②]。

稍微留意，你就可以发现关注点的差异。

接下来的10月10日，《人民日报》（海外版）刊文《电竞教育不能玩玩而已》[③]，又有不止一家网站转载和引用，标题为《人民日报：电竞教育不能玩玩而已》[④]。然而，《人民日报》和《人民日报》（海外版）并不等同，无法互相代表彼此。

11月3日，中国IG电竞队夺冠了。之后，人民日报中央厨房·思聊工作室发表了《IG夺冠：这“电竞”，不一定是那“电游”》[⑤]，除了一些忠实的转载，我们还看到了其他各类标题：《人民日报评论：IG夺冠，为何这么多人热泪盈眶？》[⑥]《人民日报热评IG夺冠，他们将不再是人们眼中的网瘾少年》[⑦]。

---

① 人民日报深夜发文：电竞可为游戏正名．（2018-08-09）[2019-05-25]. http://games.ifeng.com/a/20180809/45110331_0.shtml.

② 人民日报鼓励电竞国家队出征！玩家：电竞是最好的游戏防沉迷！．（2018-08-07）[2019-05-25]．https://baijiahao.baidu.com/s?id=1608131584630895304&wfr=spider&for=pc.

③ 王萌．电竞教育不能玩玩而已（云中漫笔）．人民日报（海外版），2018-10-10（8）．[2019-05-25] http://paper.people.com.cn/rmrbhwb/html/2018-10/10/content_1884986.htm.

④ 人民日报：电竞教育不能玩玩而已．（2018-10-11）[2019-05-25]. http://dy.163.com/v2/article/detail/DTR96KIG0526GKPV.html.

⑤ IG夺冠：这“电竞”，不一定是那“电游”．（2018-11-06）[2019-05-05]．http://media.people.com.cn/n1/2018/1106/c40606-30383471.html.

⑥ 人民日报评论：IG夺冠，为何这么多人热泪盈眶？．（2018-11-06）[2019-05-05]．https://sports.qq.com/a/20181106/004419.htm.

⑦ 人民日报热评IG夺冠，他们将不再是人们眼中的网瘾少年。（2018-11-06）[2019-05-05]．http://sports.eastday.com/a/181106123614200000000.html.

我发现，将《人民日报》的微博解读成“电竞可为游戏正名”并将其作为标题的是某网站的游戏频道。

还记得我们之前提到的事实与观点吗？针对同一个事实，观点会完全不同。个人如此，媒体也一样。不论是在网络上还是在书里，你看到的各种信息，不一定是客观的，也不一定是真的。在看到一篇文章（图片、视频等其他形式的信息同样如此）后，我们首先要问自己几个问题：

● 这篇文章是该网站原创还是转载？如果是转载，最初的信息源在哪里？

● 这篇文章的标题和它的内容相符吗？转载后的内容与最初信息源内容一致吗？

● 这篇文章的主张是什么？带有何种目的？

● 这篇文章发表在哪里？这个刊物/网站/公众号是什么性质的媒体？

这里需要对媒体的性质做一个区分：

● 官方媒体：代表政府或国家立场。

● 市场化的媒体：各自立场不同，它们的立场与其投资方、主编的政治倾向有很大关系。

● 个人化的自媒体：你我都可以建一个公众号去写文章发表看法，每个人都可以，但我的个人公众号只能代表我自己的想法。

媒体的质量参差不齐，我们只要记住一点：所有的媒体都只是一人之见或代表某一个群体的利益和看法，千万不要一下子就被洗脑了，要尽可能多方面地了解各方态度。

2. 搜索引擎

你获取信息最常用的途径之一是搜索引擎。当对一个问题、概念或事件不确定时，我们会不由自主地打开百度百科或维基百科，以及带有“知道”频道的网站。对自己不清楚的问题进行探究当然是个好习惯，搜索引擎的“百科”和“知道”也是一种重要的探究途径，不过，我们还是要警惕一点：这些“百科”和“知道”的编辑人是谁呢？是我们每个人。作为一个相对自由的言论空间，只要不涉及犯罪和反动等内容，所有人都可以在上面提问并回答、编辑信息，它的专业度和可靠性并不比我们日常聊天高多少。

对于去哪里找信息，大致可以做这样的总结：

（1）如果你想了解公众对某一问题/现象/事件的反应：

- 新闻：新闻不仅是对事件本身的报道，也包含公众的态度，还可能包含专业的评论。
- 各种搜索引擎、微博、微信、各新闻网站的评论区……
- 和你的同学、朋友、家人聊天。

（2）如果你想获得较专业的评论文章：

我不能在书中为大家特别推荐某个或某些媒体的评论版块，但大家可以自己去发现哪些媒体值得信赖。判断标准是：这个媒体是否呈现出多元的想法和观念。当然了，差不多每个媒体都声称自己是具备开放心态的，但你只要对其历史文章稍做检索，就会发现哪些媒体相当执念、哪些媒体接纳异见。现在的媒体竞争很激烈，大家都想更吸引眼球，有时就会各显其招：标题党、迎合偏见等。比如煽动民族情绪、喊口号、痛骂确实能让人产生快感，包容却不能。可惜的是，狭隘并不能推动进步，包容却能。

（3）如果你想寻求专业领域的分析：

- 读秀学术（www.duxiu.com）、中国知网、百度学术。
- 国家图书馆电子资料库（http://dportal.nlc.cn:8332/zylb/zylb.htm）。

这些资料库中包含相当多的国内外图书、期刊等文献，有很多最新的学术研究成果。

这里需要再次强调，列举这些并不是想告诉你它们说的都是对的，因为没有人会永远正确，谁都有判断失误的时候，重要的是你要有自己的判断。

3. 书籍

如今，网络已经太普及了，我们习惯了遇见一个问题就打开搜索引擎，里面有五花八门的解答，但我仍然想强调书籍的重要性——这听起来很老套，所以我也不打算花费很多笔墨来说明"读书的好处"。只是想告诉你，书籍确实能给我们更加系统的知识和经验。我们现在获得的知识是很碎片化的，诸如"半小时了解一本书"的广告比比皆是，但实际上，你不可能半小时就了解一本书，你只能自己读过才会了解，你在半小时里听到的只是别人对这本书的解读，并不是它本来的样子。

我建议你在进行背景探究的时候列一个这样的表格：

问题		
现状		
历史		
正方		
	论证	反驳回应
观点一		
观点二		
观点三		
反方		
	论证	反驳回应
观点一		
观点二		
观点三		

如果一个问题有更多观点，你可以任意增减观点的行数。我们来看一个例子，这是杠杠、光头和长颈鹿同学关于“你是否支持中学生节省生活费买球鞋的做法?”这一话题的背景探究。

<table>
<tr><td>问题</td><td colspan="3">你是否支持中学生节省生活费买球鞋的做法?</td></tr>
<tr><td>现状</td><td colspan="3">据了解，当下我们的生活中出现了这样一群小伙伴，他/她们每天省吃俭用，甚至中午只吃泡面，为了买一双心仪的球鞋辛苦攒钱。</td></tr>
<tr><td>历史</td><td colspan="3">首先界定此处的球鞋：一般指篮球鞋，也包括 AJ、Yeezy 等各大厂商所推出的各类款式“潮鞋”。球鞋的风靡一开始只是在打球的同学中，后来“潮鞋”逐渐成为日常穿搭的一部分，一些不打篮球的同学也因为球鞋的外形好看或者是流行度高而选择穿球鞋。
普通的球鞋价格一般是几百元，较高级的专业球鞋在一千元以上，而“潮鞋”的市场价为一千、几千甚至上万元不等，根据球鞋的流行程度、发售量、联名厂家等等因素而有所浮动。
球鞋的价格导致有些同学并不是想买哪双就能随便买的。有的同学家长会把球鞋当作表现好的礼物和奖励；有的同学生活费充足，就会拿一部分来买球鞋；有些同学家长对于金钱方面限制不大，这些同学可以直接向家长提出要求；而更多的同学生活费不足以买鞋，就会为了买到喜欢的球鞋而节省生活费的开销，如缩减其他方面的开支、吃很便宜的饭。</td></tr>
<tr><td colspan="4">正方：支持</td></tr>
<tr><td></td><td>论证</td><td>反驳</td><td>回应</td></tr>
<tr><td>观点一：运动保护</td><td>球鞋在运动中能起到保护作用，是十分必要的运动装备。</td><td>在学校，一般的体育运动用普通运动装备都可以实现基本保护，正常开支可以向家长提出，较贵的球鞋没有必要，而“潮鞋”更是不以运动为目的的鞋子。</td><td>随着球鞋价格的不同，舒适度确实是有差异的，就像登山装备一样，贵有贵的道理。</td></tr>
</table>

观点二：个人自由	家长给学生生活费之后，如何支配是学生的自由。	家长给生活费是用来保障学生的基本生活，如吃饭、交通等。而买球鞋违背了家长本来的意愿和用途。	如果在保障基本温饱的前提下攒钱，就没什么不可以的。
观点三：培养理财能力	在节省生活费买球鞋的过程中，可以督促自己少吃零食、少喝奶茶，也让自己知道攒钱买东西来之不易，从而更加珍惜。	理财能力不仅包括攒钱，还包括清晰地了解自己是否需要购买、多久购买一次，而不是一味省钱买喜欢的东西。	
反方：不支持			
	论证	反驳	回应
观点一：培养虚荣心	球鞋是必需的运动装备，而买高级球鞋和昂贵的“潮鞋”并不必要，反而会培养虚荣心。	作为个人爱好，就如同集邮一样，球鞋可以作为收藏品。比如AJ是以NBA著名球星迈克尔·乔丹的名字命名的系列，也因此代表了对于篮球不变的热情。	在经济完全依靠父母的前提下，如此昂贵的收藏爱好不太妥当。
观点二：对身体造成伤害	很多同学节省饭钱买球鞋，而这个年龄正在长身体，这种做法有害无益。	吃学校食堂最便宜的营养餐，既能省钱，又保障了营养需求。	但有很多为了攒钱不认真吃饭、只吃泡面的现象，是非常不可取的。
观点三：浪费时间	通常“潮鞋”都不容易买到，限量版更难。挑选款式、追踪发售动态、抢预售名额都需要很多时间。	但这同时也是一种放松和自己感到愉悦的方式。	完全可以选择听歌、运动这些更健康的放松和愉悦方式。

我们可以发现，在这个问题中的“球鞋”其实分为三类：普通球鞋、高级球鞋、“潮鞋”。双方有一个共识：作为体育课必需品、起到运动保护作用的普通球鞋，购买是无可厚非的，而且不需要攒钱家长也会给买。焦点集中在高级的球鞋尤其是“潮鞋”购买是否合适。

你身边也存在这样的现象吗？你可以尝试收集更多小伙伴的观点，然后想一想自己对此的立场是什么？

总结

考察一个问题的背景：

- 现状
- 历史
- 各方观点

注意你的信息源：

- 媒体是带有态度的
- 不要不假思索地相信搜索引擎
- 书籍很重要！

警惕逻辑谬误：

- 没有真正的苏格兰人

让我们回来看一下热身中那个《小红帽》的故事。你一定很奇怪我为什么让你去研究一个小时候听过无数遍的童话故事？

小红帽穿过森林去外婆家探病，大灰狼先吃掉外婆，化装成外婆等在床上，又把小红帽吃掉！结果，猎人赶到了！他剖开大灰狼的肚子，把外婆和小红帽救了出来。

这有什么稀奇的？但你可能没见过目露凶光“叉腰站会

儿”的小红帽、开敞篷车的小红帽 、改穿狼皮外套的“硬核”小红帽。

事实上，几百年来，《小红帽》的剧情不断被改变，各个版本故事的目的也各有不同：从最开始的捍卫宫廷道德观，到教导女孩子要“听话”，再到智勇双全的小红帽和外婆打败了大灰狼。小红帽的形象也被用在20世纪的各种香水、口红等广告中，成为“性感尤物”的象征。而对《小红帽》的讨论，有关于“神话颂扬男人，童话关注女人”的模式分析，也有涉及性骚扰和强奸主题。这则故事在早期和经典版本中充满规训意味：“女孩需要被保护”“美丽是一种危险”……现在仍然最为流行的经典版本中的小红帽天真而弱小，既无勇气也无智慧，需要被“父亲形象”（猎人）拯救。然而极少有人知道，《格林童话》还有另外一个版本：小红帽在那之后又遇到了第二只狼，并和外婆一起机智地杀掉了它。

当然，迄今出现过多种挑战传统性别定位的“小红帽”形象。在1972年“默西赛德郡女性解放组织”的四名女性共同撰写的小红帽故事中，外婆是一位身强力壮的老妇人，年轻时曾击败野狼并煮食之。外婆从厨房赶来拯救小红帽，痛打野狼。小红帽直接用刀插入野狼心脏。小红帽和外婆联袂剥狼皮，将狼皮缝入红色披肩内，使它更保暖。外婆说，任何孩子只要穿上这件狼皮披肩，就会变得英勇无比。①

---

① 奥兰丝汀．百变小红帽：一则童话三百年的演变．杨淑智，译．北京：三联书店，2006：129.

有时候你可能觉得自己已经很了解一件事了，但我仍然非常建议你做一些研究，因为世界真的很大，即便是你耳熟能详的一个童话故事，也随着时间的变化在不断演变。多一些探索，这有助于让你的思维不停留在某一个固有的点上。

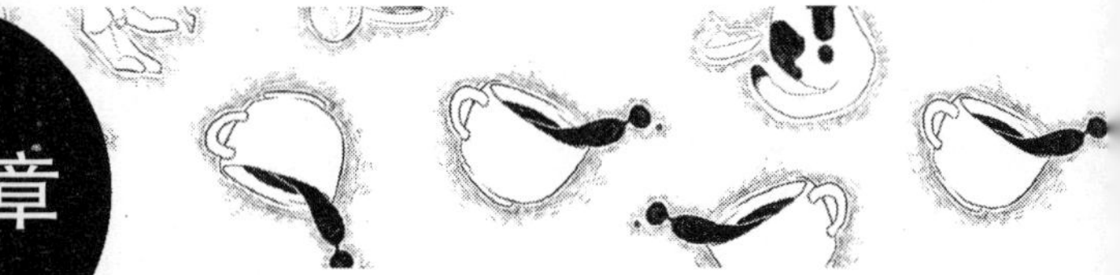

第四章

说理写作的基本要素

嗨！我们的旅程已过三分之一，恭喜你已经进入了说理写作最核心的部分，同时要提醒你：这也是最难的一部分。

完善的说理需要包含几个要素：

- 主张；
- 证据；
- 理由与论证；
- 回应可能的反对意见。

我们将尽量用愉快的方式逐一破解这些要素。

一、提出一项理性的主张

热身

A. 考虑在以下几种情况下，你会做出怎样的选择：

● 你所在的学校现在要设立一个直升班，你觉得应该设立怎样的选拔标准？为什么？

● 你和你的妈妈、你最好的朋友在一个电梯里。现在，电梯急速下坠，出现了一个天使和一个魔鬼。天使将带走一个人，魔鬼也要带走一个人，最后有一个人将活着走出电梯，此时你会如何选择？

● 你是一个电车司机，你的电车里满载乘客且刹车失灵了，你面前有两条轨道，轨道 A 是你本该运行的路线，现在有五个孩子在上面玩，而轨道 B 是一条废弃铁轨，你本不应该开上去的，现在上面有一个孩子在玩。你会做出怎样的选择呢？

B. 写下以“我是……”开头的 20 个句子。

你在思考一个问题之后，终会形成自己的判断，这个判断被表述出来，就是你的主张。你还需要一些确凿的证据和有效的推理去支持这个主张，这就形成了支持该主张的理由。这一系列的过程被称为论证。

我们首先来看人们是如何做出判断的。要做出判断，首先就要有一个判断标准，没有标准或是每次判断同一性质问题的标准不统一，那么做出的判断就是有问题的。

1. 判断类型

判断类型主要分为事实判断和价值判断。一篇文章是否涉嫌抄袭，这是一个事实判断；抄袭这件事做得对不对，这是一个价值判断。（抄袭当然是不对的！这是一个很差的选题，因为没有争议性。）

（1）事实判断

事实判断分为描述性判断和解释性判断。有一些描述性判断可以通过观察得知，比如我们班有多少个学生，数一下就知道了。另一些则需要通过调研和实验才能得知，例如，现在中国人的平均寿命是多少，就需要调研得知。评价一个描述性判断的标准很简单，就是看它跟事实是否相符。三石跟小浣熊说“今天晚上八点会停水”，检验三石是不是说了真话，只要等到八点钟看是不是停水就行。灰犀牛跟长颈鹿说“南京大屠杀总共有三十万名遇害者”，这就需要去查找史料，检验人数是否准确。

解释性判断则不仅仅是描述一个现象是怎样的，还需要对这个现象做出解释，其中包括**因果解释**和**理由解释**。是什么导致了部分青少年沉迷网络游戏？此处需要一个因果解释——解释这种现象出现的原因。学校为什么要使用翻转课堂法教学？这里需要一个理由解释——学校出于什么理由要实行这种教学法。

此外，在“事实与观点”那部分我们已经说过，事实不是一成不变的，随着情况的变化，你的判断也就需要改变了。

（2）价值判断

与事实判断相对的是价值判断，一定要注意区分这两种判断类型。如果你用进行事实判断的标准去进行价值判断，最后得出的结论将一塌糊涂。

至于价值判断，这里主要介绍几种类别：审美判断、工具性判断和伦理判断。

A. 审美判断

这是一个关于艺术欣赏的问题，比如中央电视台大楼是否是一处美的建筑、某个摄影作品是不是一件好的艺术作品、楼下店铺的招牌是不是好看，这些都需要你做出审美判断。不过，如果你问我，某个人长得是不是好看，我是无法提供一种公共的判断标准的，不仅仅因为我们并不能对容貌是否好看做出一种公认的审美判断，还因为，不对天生的、不可逆的属性做出评判是一种基本的礼貌，比如不要去评价一个人的容貌、是否有身体缺陷、性别、年龄、父母的阶级等。况且，作为外貌来说，我认为大眼睛好看而你认为小鼻子好看，中国人普遍喜欢美白而很多美国人则相反，也确实无法形成一致的判断标准。

你可能会说，我觉得一部电影是不是好看，这也是我的个人喜好问题，有什么值得讨论的？的确，每个人的审美不一样，做出的判断自然不同，你做出的审美判断是含有主观成分的。但这里我们还要注意，“我喜欢的电影作品”和“优秀的电影作品”是两个不同的概念。

你喜欢什么电影是个人的一个爱好问题，并不需要向任何人解释你为什么喜欢它，而当你说“这是一部优秀的电影”时，你就需要一些公共的理由去支持自己的说法。这就好比你说“我喜欢我的女朋友”，这跟别人完全没有关系，任何人都不能质疑你的想法，因为这完全是你的个人选择；但如果你说“我的女朋友是一个非常好的人”，就需要拿出证据来：为什么她是个好人？

那么，艺术作品的判断标准是什么？有没有公共的标准呢？

长颈鹿：我觉得评价一部电影的标准就是看是不是大家都喜欢它。

热带鱼：大多数人喜欢的，就是好电影吗？

长颈鹿：是啊，有谁会喜欢差电影呢？

热带鱼：好吧，那为什么大家都喜欢这部电影？还是要有自己的判断标准呀，每个人不会凭空喜欢一部电影的。

长颈鹿：那你觉得应该有些什么标准呢？

热带鱼：我们举个具体的例子吧，你看过《泰坦尼克号》吗？

长颈鹿：看过呀，那可是一部公认的好电影！男主角帅爆了！

热带鱼：这倒是没错……但是男主角长啥样不能作为一部电影优劣的判断标准。

长颈鹿：但是，他演得也很好，非常自然，就好像他本来就是这个角色人物一样。

热带鱼：这也是这部电影的优势之一。相比于其他的艺术形式，剧本、情节处理、演技都是决定一部电影好坏的重要因素。

长颈鹿：同意。我觉得露丝和杰克的爱情浪漫、美好，特别令人难忘。

热带鱼：这涉及它想表达的主题，还有它是否能让人有更长时间的回味和精神上的享受，这些都可以作为判断标准。

长颈鹿：你说得很有道理。一些口水片可以让人有短期的精神愉悦，但没法给人提供长期的回味。

热带鱼：而且这部片子非常有影响力，是灾难片中的经典，它以个体的故事展现了一个大灾难的全貌。

长颈鹿：没错，它证明了商业片不只是迎合观众口味的作品，商业片同样可以让人有更多元的审美体验。在这之后还有其他电影在片中向《泰坦尼克号》致敬。它在很长一段时间内都是美国电影的骄傲，比如《真爱至上》中有一个看电影的情节，看的就是《泰坦尼克号》。20 年后，《泰坦尼克号》还重出了修复版，就是为了能让它更长久地保存下去。北京电影节的时候，中国电影资料馆经常要拿出来重放一遍。

热带鱼：不仅是这样，除了浪漫爱情，其中还包含了一些更复杂深刻的主题，比如对阶级和性别问题的思考。还有关于人的成长——露丝从一个上流社会所谓的“贵族小姐”的角色束缚中被唤醒，最终找到了自我，实现了独立自主。

长颈鹿：对对对，我还记得露丝一开始跟杰克说，她特别羡慕男孩子可以分腿骑马（以前的女生骑马只能穿裙子侧身骑马）。

热带鱼：对，这个电影的一些细节也处理得很好。你刚才说的是一个伏笔，在结尾处有一个镜头扫过露丝这些年的照片，有一张就是她分腿骑马的照片。只有一个很短的镜头，但很好地呼应了前面的情节。

长颈鹿：里面几乎没有一个情节让我觉得不合逻辑！总

有意料之外，又都在情理之中。

热带鱼：情节的逻辑性，这也是对于电影的一项比较基础的评价标准了。

让我们总结一下热带鱼和长颈鹿同学的对话，他们提到了一些对于一部电影的审美判断标准。除了对于电影的一些特别要求比如情节的流畅性、演员的演技，他们也提供了一些对于艺术作品来说较为普遍的审美判断标准：

- 具有引发人思考的深刻内涵。
- 拥有个性与创新，不做单纯的迎合。
- 能给人带来长期的审美体验而不仅仅是功能性的短暂愉悦。
- 对该领域的发展有一定影响。

你认同这些标准吗？你认为审美判断标准有哪些呢？

总而言之，对于一件艺术作品来说，不仅仅是“我喜欢”和“大部分人喜欢”，还需要一种更普遍的审美判断标准。

B. 工具性判断

为了实现某一目标而采取的方法是否有效和合适的判断：某项政策是否有效解决了它最初想解决的问题？使用锤子来安装书架是否合适？它不从伦理道德层面进行判断，而只是看方法是否适用。

不过，我们在进行了工具性判断之后，仍然要进行其他的价值判断。比如，一间写作教室的布置好不好？这就同时涉及工具性判断和审美判断。首先，它要具备写作教室的功能：它需要是一个具有开放性的空间，让人能有一个安静的可以写作的角落，有适合讨论的空间，包含很多写作相关的元素——如果走进一间教室，完全分不清这间教室是用来教数学、家政还是写作，那么这间教室的布置就很失败了。其次，它也要有一些创造性的布置，包括写作课老师和学生的个性化元素。为了适应更多同学的审美需求，它最好是简约风格的。

再比如我们之前提到过的使用电击等方式的“戒网瘾中心”，如果你按照单纯的工具性判断思考电击对“治疗网瘾”是否有效果，好像是有的。但这样我们就可以毫无顾忌地使用它了吗？显然，其中还涉及伦理判断。

C. 伦理判断

伦理判断是最复杂，同时也是分歧最大的一种判断。不同地区通用的道德标准可能完全不同，你很难想象世界上还有一些地区有割礼或者实行一夫多妻制。但这样的话，我们就不能对任何人的道德做出评判吗？当然不是。我在这里将提供一些不同的伦理类型。心理学家施韦德认为，人类的道德标准不外乎三种情况：自主伦理、集体伦理和神性伦理。[①]

适用自主伦理的地区和人群关注个人偏好，认为人有权利做任何他或她自己想做的事，只要不损害别人的利益。这样的社会中，人们不会过多干涉别人的生活，注重自主决定，大家都按照自己的意愿行事。不过，要注意，是在不损害别人利益的前提下。比如，你在你公寓楼的走廊里摆满自己家的鞋架，此时你不能用“我奉行自主伦理”来为自己辩护，因为你已经严重损害了

① 海特．正义之心：为什么人们总是坚持“我对你错”．舒明月，胡晓旭，译．杭州：浙江人民出版社，2018：104－107．

邻居的利益。这不是“自主”，而是“自私”。想想看，在自主伦理的框架下，小明老师想要结婚或不想结婚，这跟别人都没什么关系，他自己高兴就好。只要他不强迫别人，他可以和任何人结婚，也可以拒绝任何人的求婚。但当他来到一个奉行集体伦理的社会，情况就不太一样了。集体伦理认为人们不仅属于自己，还属于一个更大的集体：家庭、党派、团队、社会……你有义务扮演好集体赋予你的角色。在普遍崇尚集体伦理的社会中，小明老师的爸爸妈妈会说，你结婚不是你自己的事，这是我们整个家族的事情，你要结婚，要生孩子，不然我们死不瞑目。不仅如此，爸爸妈妈还会积极地给小明老师出谋划策，串联二姨和三舅为小明老师寻找“合适”的相亲对象。这也是我们的社会正面临的冲突。老一辈认为家族利益、传宗接代比个人幸福更重要。而年轻一代认为：这是我个人的事情啊，我找什么样的男/女朋友跟我的爸妈、二姨、三舅有什么关系呢？神性伦理则认为，人应当有一定的行为方式，这些行为方式应当是圣洁的。每一种宗教中都规定了你应当按照什么方式行事，以及什么是绝对不能做的事。比如同性恋问题，世界各地都有人反对同性恋，但理由不太一样。有的人认为同性恋是罪恶的，不应该存在（这是按照神性伦理的判断标准）；有的人则认为同性恋侵害了家族利益，因为同性恋无法生育（这是按照集体伦理的判断标准）。而支持同性恋的人，多半是奉行自主伦理的——一个人喜欢什么性别的人，为何要由别人来决定？或者，你明明知道你的邻居是穆斯林，你却一定要在你家阳台上晒腊肉（猪肉制品），你也确实没做错什么（阳台上晒腊肉无可厚非），不过此时难保邻居不认为你冒犯了他心中认为神圣的一些东西。

有时，你会在网上看到网友质疑现在的年轻人、小朋友“过洋节”的现象，比如圣诞节、万圣节等，认为这是西方的宗教节日，国人不应该过这样的节。这可以理解为，“过洋节”的行为破坏了质疑者的集体伦理准则。不过，如果有人一边质疑国人“过洋节”，一边又为外国人开始庆祝我国的春节感到沾沾自喜时，你就要警惕，他或她在用**双重标准**做判断：为什么只许你去推广自己民族的节日，而不许自己民族的人也分享其他民族的节日？

我们在热身中有一个问题是“写下以‘我是……’开头的20个句子”，据说，美国人更倾向于列出反映自身内在特征的词语，比如“幸福的”“开朗的”“喜欢爵士乐的”，而东亚人更可能列出自己的社会角色和关系，比如“儿子”“丈夫”“富士通职员”……[①]这也体现了普遍奉行不同伦理准则的两种社会所形成的思维方式差异。

D. 不同价值的比较判断

在同一个事件中，也会涉及不同价值的比较，此时需要你在各种价值之间做出权衡。2015 年全国卷 I 的高考作文题就涉及这样的判断。

> 因父亲总是在高速路上开车时接电话，家人屡劝不改，大学生小陈迫于无奈，更出于生命安全的考虑，通过微博私信向警方举报了自己的父亲。警方核实后，依法对老陈进行

---

① 海特. 正义之心：为什么人们总是坚持“我对你错”. 舒明月，胡晓旭，译. 杭州：浙江人民出版社，2018：102-103.

了教育和处罚，并将这起举报发在官方微博上。此事赢得众多网友点赞，也引发一些质疑，经媒体报道后，激起更大范围、更多角度的讨论。

对于以上事情，你怎么看?

其中就涉及了一种伦理困境和冲突。一方面，父亲多次不听劝阻，面对如此大的安全隐患，女儿无奈举报，这可以说是在帮父亲。而另一方面，我国的法律自古就有“亲亲相隐”的制度，现代法律中也有所保留，因此是不是也有更有效又不伤感情的方式，比如给父亲买个耳机？我们的国家经历过一个亲人互相举报的时代，那是一个灰暗的时代，所以此事引起很多人的担心。这是两种集体伦理即家庭这一集体与社会这一集体的价值冲突。此时，你需要做出权衡论证。

2. 权衡论证

鲁迅曾经写过一篇《立论》：

我梦见自己正在小学校的讲堂上预备作文，向老师请教立论的方法。

“难!”老师从眼镜圈外斜射出眼光来，看着我，说。“我告诉你一件事——

“一家人家生了一个男孩，合家高兴透顶了。满月的时候，抱出来给客人看，——大概自然是想得一点好兆头。

“一个说：‘这孩子将来要发财的。’他于是得到一番感谢。

“一个说：这孩子将来要做官的。他于是收回几句恭维。

“一个说：‘这孩子将来是要死的。’他于是得到一顿大家合力的痛打。

“说要死的必然，说富贵的许谎。但说谎的得好报，说必然的遭打。你……”

“我愿意既不说谎，也不遭打。那么，老师，我得怎么说呢？”

“那么，你得说：‘啊呀！这孩子呵！您瞧！多么……。阿唷！哈哈！Hehe！he，hehehehe！’”①

这是我们经常见到的一种“中庸”的立论方法，实际上其中根本没有立论，只是说了一些不痛不痒的话，完全没个主张。有的同学喜欢分析利弊之后说：嗯，做这件事是有利有弊。然而，这不是一个结论，你必须做出一项明确的选择：既然一件事情有利有弊，那你到底如何看待它？是要做还是不要做呢？

在几种价值间做出权衡，最终形成自己的判断，我们称之为权衡论证。比如：

小渔：晚上去看电影吗？

小花：可是，我说理写作的作业还没写完呢！

小渔：那个电影真的特别好看，而且是你最喜欢的科幻片！

小花：我的论证类型学得不太好，正需要练习呢。

小渔：作业截止到什么时候交呀？

① 鲁迅．野草．南京：译林出版社，2013：57－58．

小花：后天晚上。

小渔：可是，这个电影明天就要下线了！

小花：啊！那还是先去看电影吧。

此处的判断标准是这样的：

权衡的项目	重要程度	紧迫程度
写作业	非常需要练习	后天交
看电影	我最喜欢的科幻片	明天下线

在重要程度不相上下的情况下，最终，小花决定今天看电影，毕竟作业是后天交，而且会一直在那里等着她去写，而电影不会等着她看完再下线。

当然，也可能出现这种情形：

小渔：晚上去看电影吗？

小花：可是，我说理写作的作业还没写完呢！

小渔：那个电影真的特别好看，而且是你最喜欢的科幻片！

小花：我的论证类型学得不太好，正需要练习呢。

小渔：可是，这个电影明天就要下线了！

小花：嗯……但我的作业也是明天早上交。

小渔：啊，那只好等下线之后在视频网站上看了。

小花：好遗憾啊，这样就没有大银幕的体验了。

小渔：但你如果不做这个作业，下节课上课就会比较困难了。

权衡的项目	重要程度	紧迫程度	附加价值
写作业	非常需要练习	明天交	下节课的必要前提
看电影	我最喜欢的科幻片	明天下线	大银幕的愉悦体验

在重要程度、紧迫程度都相似的情况下，小花考虑了附加价值：观看大银幕的愉悦体验跟下节课的必要预习相比，她认为还是后者比较重要。

我们来看一个更复杂的例子：学校这个学期出台了强制学生参加周三下午的公民教育项目活动的规定，引起了同学们的强烈不满，因为每周只有周三下午是自习时间，却又要参加一个强制参与的项目，所以有同学提出了“呼吁学校取消强制学生参加公民教育项目活动”的倡议。对此，神喵班的同学们进行了一波权衡论证，你来判断一下谁的论证比较好。

留胡子的猫：学校不应该取消强制学生参加公民教育项目活动的规定。

基于学校对于公民教育项目活动的说明，这一活动是以校内外的公共热点事件为主要话题而展开的讨论项目，其最终目的是“基于真实情境，培养公民参与意识”，而我校对学生的培养目标之一就是造就“杰出公民”。固然，要做到杰出，首先自己的学识要达到相当的高度；但作为公民，也要学会如何在社会中发声。公民教育项目活动就给了我们一个机会去培养自己对于社会上各种事情的理性讨论能力。在时间紧凑的高中生活中，我们虽然在不断学习知识，但参与社会生活的机会可谓少之又少，强制参加公民教育项目活动有助于我们获得这样的机会。

留胡子的猫对公民教育的意义做出了阐释，并且针对同学们说的没有时间参与问题，他做出了“学习知识”与“参与社会生活”之间的权衡。

穿靴子的猫：学校应该取消强制参加公民教育项目活动的规定。

虽然参加公民教育项目活动非常有助于培养学生作为公民的参与意识，但强制性会导致学生的抵触，让学生生出厌烦之感。作为公民教育的一部分，这样的决定也应该听取民意。如果有的同学因为没有参与公民教育项目活动而拿不到毕业证，这也太惨了。公民教育项目活动的作业也会占用很多时间，我们学校的各类活动已经很多了，再来一个公民教育项目活动，学习时间又被挤占了。

显然，穿靴子的猫和留胡子的猫判断标准完全不一样，不过他也做出了一定的权衡。

戴手套的猫：学校不应该取消强制参加公民教育项目活动的规定。

虽然强制让学生参加公民教育项目活动会占用学生学习的时间，但是参加人文项目可以开拓学生的眼界，培养学生的思考能力、实践能力，这也是一种学习啊，为什么只有学习教材上的知识才是学习呢？再者说，公民教育项目活动的体验在其他学校是感受不到的，高中毕竟只能有这么三年，以后就再也体验不到这种项目了，学习的时间你想要挤出来总是有的。所以，我认为强制参加公民教育项目活动对学生的好处更大一些，学校还是不应该取消强制参加的规定。

戴手套的猫使用的权衡标准是有点可疑的：公民教育项目活动在其他学校和今后的人生中再也体验不到了，听起来似乎这项目是全宇宙独一份？这太夸张了，你不能为了加大某一项权衡的比重而夸大它的价值，还是要实事求是。

啃手指的猫：学校应该取消强制参加公民教育项目活动的规定。

公民教育项目活动的确很有趣也很有意义，加上由老师们精心策划和安排，参加项目活动对学生来说也是一种提高能力和完善自我的有效途径。但是，我们学校的自由选课制度使每个学生的课程表有很大差异，每个人的时间安排都不一样。有的同学因为整个学期没有自习，每天很忙，没有足够的时间来参与项目活动；有的同学因为其他课程加课，中午时间被占；有的同学有社团活动占用中午时间，吃饭也来不及。若再强制参加人文项目，就让一些学生几乎没有了自己的时间，一整天忙忙碌碌赶着上课、参加活动，对项目活动的投入时间有限，项目效果也不会太好。如果人文项目可以自主选择参加与否，课程进度也会更顺利，同学们的时间也会得到更合理的安排。所以，我觉得学校应该取消强制参加公民教育项目活动的规定。

啃手指的猫更全面地探讨了这个问题，而且提出了她认为更合理的可替代方案。

不过，有些价值之间是否可以进行权衡，人们可能会有不同的想法。例如，关于政府是否应该提高烟草税这个问题，菲利普·莫里斯烟草公司在捷克成立了调查团，针对吸烟对捷克国民预算的影响做了一个得失分析，该研究发现：

> 吸烟给捷克政府带来的收入要大于支出。因为尽管烟民在世时会在预算中花费更多的医疗费用，不过由于烟民死得早，因此能够在医疗、养老金和养老院等方面节省数目可观的费用。如果将吸烟的"积极效果"计算在内，国库每年的净收入将达到 1.47 亿元。所以，政府不应该提高烟草税额。①

该调查使政府在公民的寿命与政府财政收入上做了一个权衡，不过，用人的寿命和金钱进行这样的简单比较听上去似乎不太合适。

开头那个关于火车司机应该如何选择轨道的情景假设，也是一个需要你做出权衡的问题。

> 光头：我当然选择开到废弃轨道上了，这样能救五个人！
>
> 盼盼：看上去很划算，可在废弃轨道玩的孩子是无辜的，为什么要牺牲他而去救另外五个违反规则的孩子呢？
>
> 光头：但一个对五个，自然是能救越多人越好了。
>
> 盼盼：那你的意思是，每个人生命的价值是相同的？单

① 桑德尔．公正：该如何做是好．朱慧玲，译．北京：中信出版社，2018：46.

纯计算数量就行了？

光头：人的生命价值是没法计算的。我们刚看过那个烟草公司的例子，我们不是说，不能将人的生命换算成钱吗？在这种情况下，我们只能看数量了。

盼盼：假如正常轨道上的这五个人是穷凶极恶的罪犯，在废弃轨道上的是爱因斯坦呢？

光头：那当然是要救爱因斯坦了！

盼盼：你刚说过人的生命价值是没法计算的，只能看数量，但现在你反而觉得爱因斯坦一个人的生命价值要高于另外五个罪犯？

光头：好吧，我承认人的生命价值还是有区别的，爱因斯坦对人类的贡献显然大于五个罪犯。

盼盼：那么，设想另外一种情况，正常轨道上的五个人分别是牛顿、爱因斯坦、居里夫人、笛卡尔和卢梭，他们都为人类做出了重大贡献了吧！另一个铁轨上是你的妈妈——原谅我，这就是个假设，那你会像刚才一样判断吗？

光头：开什么玩笑！那我当然是救我妈妈了！爱因斯坦发明不发明相对论和我有什么关系呢！

盼盼：你看，你始终在降低你前一秒所遵循的价值的优先级。

光头：盼盼，我不想和你做朋友了。

这当然只能是一个假想的场景，但很能帮你看清自己的判断标准——不要以“这在现实中根本不会发生”为理由来逃避这样的思想实验，越是简单抽象的场景越能反映出你原来思维中存在的模糊地带，并迫使你重新将它们整理清晰。上面的例子是一个很经典的“电车困境”，各种思想流派一直对此争论不休，你的判断又是什么呢？不管你做出何种判断，别忘了给出你自己的判断标准。

提到标准问题，又涉及一个逻辑谬误，叫作**不相关标准**。比如，一种行为/决策本来没想达到某个目的，但你以该行为/决策没有达到这个目的为理由来说它没有作用。

> 北京的拆迁根本没什么用，因为它根本解决不了环境污染的问题。
>
> （然而……拆迁并不是为了解决环境污染问题。）

不相关标准也会用来强行辩护。

> 他平时是个阳光大男孩，特别坚强，说他家暴我才不相信。
>
> （一个人平时看起来是不是阳光，坚强与否，跟他会不会家暴都没有关系。一个人是否有家暴史，是一个事实判断，并不是价值判断。）

那么，我们在写作中会如何涉及这些判断呢？日常生活中需要你做出的类似判断比比皆是。先来看一下珊瑚同学的这篇文章：

店面招牌统一真的有必要吗？

> 最近，家里附近的楼下不经意间出现了一排极为统一的招牌，黄底黑字正楷体。这不是个例，只要你上网搜索一下就会发现，许多城市都出现了店面招牌统一的现象，甚至有一整条街黑白配的招牌，实在吓人。那么，店面招牌统一真的有必要吗？我认为没有太大必要。

首先，我们要知道，为什么要对店面招牌进行统一？我相信这项工作并非想把每个店都变成一模一样，让大家审美疲劳，而是想通过“统一”的手段改变市容，使城市变得更加整洁、有秩序。走在街上，你可能也有这样的感受，有的店铺招牌已经破败不堪，一条街上的招牌大红大绿颜色各异，实在很混乱。但“秩序”却换来了毫无个性的呆板，这种“一刀切”之后的样子和整改之前的面貌，究竟哪种更好，还真不好说。

再者，一条街上所有店面招牌都统一了颜色、统一了字体样式，可是美观度没有因此提升，反而让许多人觉得“不敢恭维”。有些人可能会说：有些店家制作出来的招牌更“瘆人”，还不如统一了看着更整齐些。但我认为，招牌的统一会使居民及消费者产生视觉疲劳，也不免会影响店铺的销售。想想看，一家甜品店的招牌是红底白字的普通样式，很难让人产生什么食欲。店面招牌本身就是一种文化，在这个多元化的时代，不同的商店要有符合自己的店面招牌，而不是千篇一律的红底白字或是黑白配。店铺需要营造自己的店面文化，像香港、东京、纽约等国际化大都市的一些商业街的店铺招牌都非常有个性，但并没有因此影响街道整齐度，反而能够很好地烘托浓厚的文化氛围。

从管理的角度来说，店面招牌统一是由街道管理处负责，此工作并没有明文规定，更不是政府的一项政策，各城市街道管理处没有权利强制店面招牌统一。上海交通大学余明阳教授就曾建议，“对于店铺招牌，应该由有关部门事先制定相应的'规则'，然后由商家自行制定店招，提交有关部门进行审批，符合要求的再进行制作"①。

所以，我认为，不论是政府还是城市街道管理处，都不应该强制统一店面招牌，而应该先让店铺各自设计自己的店面招牌，之后进行统一的审查把关，比如色彩搭配上的和谐、招牌大小，等等，再与店铺进行沟通，最后进行制作，这样才是从根本上提升街道的美观度以及整齐度，使街道更加有秩序。

综上所述，店面招牌的统一不是最终目的，所以相关部门应该与店铺人员进行沟通，调查并采纳他们的意见，再进行招牌设计制作，这样才能受到更多人欢迎，以达到改善市容市貌的目的。我觉得，店面招牌统一没有必要，它不仅掩埋了拥有几十甚至上百年的传统文化特色，还抑制了更多的创新力。所以，我认为，应该保留每家店铺的特色，展现一家店乃至一个城市的文化底蕴，并且将这种独特的文化传承下去。

这篇文章所探讨的问题是店面统一招牌好不好，其中就涉及审美判断：统一之后的招牌好看吗？工具性判断：是否达到了改善市容、整洁有序的目的？

工具性判断和伦理判断也会同时出现，此时需要注意千万不要混淆它们。我们来看格里高李先生写的文章：

① 数万元自制店招遭拆——专家：店招是商业文化政府不能"包办".（2014-05-04）[2019-05-25].http://www.chinadaily.com.cn/dfpd/fj/2014-05/04/content_17482930_2.htm.

你的德行：逃避可耻却有用

近日，有关抚顺未成年女德班的一些视频在网上流传。未成年女德班以“亲子夏令营”“传统文化”的名义，向未成年学员灌输“男为大，女为小”，“打不还手、骂不还口、逆来顺受、坚决不离婚”等观点。

在世界平权运动发展如火如荼的当下，出现此类现象似乎是不可理喻的。但我们应当意识到，世界的发展并非是均衡的，这不仅体现在经济上，也体现在文化上；而女德班的出现也的确在一定程度上符合当前的社会发展状况。

拿前几年热播的一部日剧《逃避可耻却有用》来说，女主角被辞退后选择到男主角家中做家政工作维持生计，之后又演变为“契约结婚”。从中可以看出，随着社会的发展，劳动力的价格将会不断上涨，而对于一个普通男性白领来说，一个免费的、不会乱花钱的、无条件顺从的妻子是极其合算的。

这也就是这类女德班屡禁不止的原因，它可以左右逢源、受众广泛，不仅是刚才提到的广大都市男性，所谓的“传统文化爱好者”、农村等保守地区人民，都对这样的教育存在着为数不少的需求。

从理论上说，“人人生而平等”这样的普世价值观不必再做赘述了，“三精成一毒”“换男朋友会烂手脚”等缺乏科学依据、危言耸听的言论也易于驳斥，重要的是如何解决男性对一个顺从的女性的需求。

对农村等保守地区来说，只能通过经济发展的方法来解决这样的问题；而对城市人群来说，这样毫无独立思考能力的女性和廉价的机器又有什么区别呢？同时，不鼓励女性消费和娱乐，也是在降低社会的消费能力，对经济发展并无益处。

同样的，这不仅仅是存在于男性女性之间的问题，还是家长与孩子之间的问题。此类教育机构遭到整改时，总有父母跳出来，认为这样的机构让自己孩子变得听话了，或者让自己省心了。我们当然可以理解为什么会有家长希望有这类机构让自己的孩子变得顺从，但可以理解不代表就是对的、值得提倡的。作为一个家长，生出一个孩子并不困难，真正困难的是循循善诱地将孩子培养成一个真正的人，当他/她影响你正常生活时不放弃教育，给予其基本的人权，当他/她“无可救药”时，选择不把他/她送进“集中营”中去。家长们并非没有选择，只是那个选择太过艰难，不愿意选择罢了。家长们也在可耻地逃避着属于自己的责任。

这样的问题的确很难解决，短时间只能通过政令禁止的方式进行，长期的话就还是需要进行宣传教育，从观念上让人失去对它的需求，也不会被类似的言论蒙骗。

格里高李先生在文中的讨论就涉及：给女性灌输所谓“女德”究竟是一项工具性判断还是一项伦理判断？表面上看，它似乎是一个工具性的问题：关于如何解决男性对于一个顺从女性的需求的问题，以及让女性遵守所谓“女德”对社会是否有利、让孩子去学这些从而变得“听话”对家长是否有利。但接下来我们需要继续思考：部分男性的这种需求是合理的吗？女性的行为为何要别人去规定一个“标准”？家长的这种一味地想让孩子变“听话”的要求是合理的吗？变得“听话”可以使孩子有完整的人格发展吗？这就是一个伦理问题了。《人民日报》对此事的一篇评论文章可以准确回答这个问题：道德和法律一样，普遍适用于全体公民，不存在只针对女性。把“女德”粉饰成传统道德，解释成女性天生就有的特性，并附带因果轮回、善恶相报的理论来对女性进行洗脑，这是把传统文化中的糟粕当成了精华。①

另外，“女德”二字本身就带着强烈的歧视色彩，是男权社会的产物。它不是女性自发的对道德的追求、品格的进化，而是外界强加给女性的一种居高临下的审判。

打着传统文化的旗号，奉行封建糟粕的行为，应该受到全社会的共同抵制。

这里已经说得比较清楚，“女德”一词本身就存在“**双重标准**”问题。道德和法律一样应该适用于全体公民，而不是只针对某一性别。针对某一性别的道德要求与人类历史的其他阶段针对个别阶级、种族的道德要求（例如，印度的种姓制度、美国历史上的黑人要给白人让座规定）并无区别，都是根据人在出生时的属性就要求他或她恪守某一“规则”，是完全违背现代社会的自由和平等价值观的。

---

① “换男友会烂手烂脚最终要锯掉!”未成年人女德班曝光…….《人民日报》官方微信公众号．[2019-05-25]．

总结

判断类型
- 事实判断
- 价值判断
  - 审美判断
  - 工具性判断
  - 伦理判断

拒绝：
- 标准模糊
- 双重标准
- 不相关标准

二、你的证据能令人接受吗

为了论证你的主张，你需要提供一些证据。这些证据首先应当是让人可以接受的。“可接受”其实是一种带主观意味的判断，因为如果你的听众就是不接受你所说的，即便你说的完全是真实的也没什么用。所以，仍然要提到我们之前说的“读者意识”问题。当然，这肯定不是说你为了让读者接受你的主张就可以编造证据，而是说，选择你的预期读者可以接受的证据来运用。那么，通常来讲，什么证据是可以使用的呢？我们来看几种常见的证据。

1. 轻率归纳谬误

我之前有一次……

我的朋友说……

个人经历信手拈来，非常好用。但是……等等，用你的经历来佐证一项更具普遍意义的主张是可靠的吗？

简单地以个人经历作为证据，很容易犯轻率归纳的谬误。

杠杠：学校的选课制度一点也不好，我有四门课都没选上！

热带鱼：我觉得挺好的啊，我一门课都没错过。

盼盼：就还行吧，我有两门课没选上，其他都还好。

每个人对同一项制度的体验、对同一个现象的感受和解读太不一样了。之前网络上有“甜党”和“咸党”吵来吵去，主题就是关于甜豆花和咸豆花、甜粽和咸粽哪种更好吃更正宗。你可能觉得这种争吵匪夷所思，这不就是个地域习惯的问题吗？我们当然可以觉得甜豆花和咸肉粽更好吃，但不能因此就说咸豆花并不正宗、喜欢甜粽的人不可理喻。

所以，除非这个事件你是唯一当事人，或者你只是为了表达感受，或者结论只跟你自己有关，否则个人经历很难作为一个支持结论的有力证据。当然，我们在写作中可以适当地运用个人经历，比如放在开头作为引子。

2. 诉诸“典型”与谬误

众所周知……

一位伟人曾经……

既然我的个人经历不可靠，那么我来说点典型事例，这是我们在文章里非常常见的类型。所谓“典型”，就是比较有代表性的事例。在这里，如何判断“典型”就是一个很重要的问题——“典型”是名人的事例吗？是大家所熟知的事例吗？都不是。

遗憾的是，典型事例与个人经历从本质上差别不大。你不能用自己一次被老师体罚的经历来说明教育体制的问题，同样，一个北大毕业生卖猪肉的事例或者奥数冠军当初中老师的事例也不能用来说明“学历无用”，这些证据都不能充分证明结论。一个很重要的原因是，典型事例也有典型反例。为了证明学校的教学质量，我当然能举出一大堆成绩优异的学生代表，但同样的，也有一箩筐成绩不理想的学生。

中国奥数代表队铩羽而归，网上出现了两种论调。一种是说，都是因为中国的这种“提前教育”——从幼儿园就学奥数，把孩子对数学的兴趣都消磨了，只剩机械的学习，才导致后劲不足，无法提升。另一种是说，都是因为中国现在老是提倡“减负”，导致孩子从小基础不好，最终连之前一直很强的奥数都不行了。这两种声音都指向教育问题，但有趣的是，它们提出了完全相反的问题。对于同一个现象，这两种不同的解读原因何在呢？“提前教育”和“减负”都是非常典型的社会现象，但在不同的地区和环境下，呈现出来的是完全不一样的状态，与个人选择也有很大关系。提供这两种分析的人显然是根据自身的经验和有限观察推理，或者是出于某些自己的目的来鼓吹这样的论调。至于究竟是什么原因造成了败北这个结果，需要综合各方面因素，进行严谨的因果解释，只能交给奥数代表队自己来分析了。

那么，在很多论争中都是既有典型事例又有典型反例，这种探讨还有什么意义呢？意义恰恰在此。

“人的特性是先天决定的”与“人的特性更多是被后天建构的”这两派都能举出丰富的证据：例如，八个月大的男孩布兰达在接受包皮环切手术中失去了阴茎，他的父母在咨询了性别研究专家约翰·莫尼（John Money）的建议之后为孩子进行了阉割手术，并移植了阴道，将他当作女孩抚养。从没有人把这些告诉孩子，但后来人们发现，布兰达从小就觉得自己是个男孩，他撕碎裙子，站着小便……到 14 岁的时候他实在受不了了，又进行了一次手术，最终恢复了男性的身份。① 不过，也有另外一个强有力的反例：何秋兰·巴宾。何秋兰·巴宾是 19 世纪的一个两性人，被当作女性抚养长大，但在二十多岁时，医生为她进行了更细致的身体检查，发现她事实上是男性，从此她被强迫以男性的身份生活，最终她无法忍受而自杀。② ——这两个典型事例都鲜活而有力，这两种解释的证据针锋相对，构成长期的论争。这两种学说又在持续地收集证据，这也是科学进步的一个动力。

3. 滥用数据

调查结果表明……

数据表明：参与调查的民众中有 93.6%认为……

既然个人经历和典型事例都容易以偏概全，那么用研究报告总可以代表大部分情况了吧？数字看起来是多么精确可靠，它给

---

① 平克．白板．袁东华，译，杭州：浙江人民出版社，2016：415.

② 古廷．福柯．王育平，译．南京：译林出版社，2016：97.

人一种踏实和安全的感觉。

但是，不要忘了，我们不仅要关注数字本身，更要关注这个数字是如何得出的。

不得不提到的是，研究者也有自己的立场，甚至是偏见，还有他们自己代表的利益相关方，可能带有强烈的预设来调查。例如，我曾经看到过一项关于睡眠质量的调查，最后的结论说很多人的反馈是：自己特别认床，换了床就睡不好觉。最终，人们发现这项调查的赞助方是一家制造和售卖床品的公司——这就不得不令人怀疑这项调查的目的及其结果的真实性。我还作为受访者参与过一个体验很差的研究项目，这个项目是关于教学理念的。我在采访开始时就一直被问及年龄、婚姻状况、是否生育过……在感到自己的隐私受到侵犯时，我很好奇地问：这项研究不是关于教学理念的吗？为什么会一直问我的私人情况呢？研究者回答我说：我们认为这些和你的教学理念会有很大关系。比如，有孩子的人和没有孩子的人教学理念就不一样，不同年龄层的教育理念也是不同的……这种调查就是带有预设结论的。虽然我们在确定调查提纲时都会先提出假设，但我们的目的并不是寻找一些符合这个假设的样本，而是通过样本来求证这个假设是否为真。

接下来就是关于样本的问题。首先是样本量，它要大到足够代表这个研究群体。样本量够不够，要视调查研究的范畴而定。比如近年比较有名的复旦大学“80后的世界”——长三角地区社会变迁调查，这是一项比较大型的调查，所以入户访问了近

1 200 户上海地区家庭，历时 8 年。[①] 再比如，你要去调查北京市小学生课外补习情况，只发放了 30 份问卷，用 30 个人代表全北京的小学生，那肯定是不够的。那么，如果你调查北京市小学生课外补习情况，在海淀区发放了 1 000 份问卷，这个样本量看起足够了，但显然它只能反映海淀区的情况，无法反映北京市的情况。这就是样本代表性问题。

如何增强样本的代表性？样本是越随机越好。我们要避免片面的抽样，比如调查民众对于生育的意向，去医院妇产科门口发问卷，或者调查家长对补课的态度，只去补习机构门口采访，这些显然都是没有代表性的。你也会在网站上看到一些“欢迎点击”的调查，或者某些公众号文章里的调查，实际上，它们的参考价值都不大。想一下吧，如果一个公众号发放了关于“你认为中国政府应该接收难民吗？”的调查问题，最后参与者会是谁呢？关注这个公众号的人当中的一部分。显然，这个样本是不具代表性的。

这里还涉及一个有点专业的问题，就是分层抽样。比如，调查补课情况，你可以做随机抽样，按照各区小学生的比例随机发放问卷，以及根据你的调查想要了解的情况，进行更细致的分类。比如，你想要对比各年级之间的差异，就需要按各年级人数的比例选取样本；你想要分析在补课这件事上的性别差异，你还需要按性别比去分层抽样。

最后涉及的是调查方法。你是用问卷还是访谈、匿名还是实

---

① 复旦大学新闻文化网．(2016－06－06)［2019－03－26］．http：//news.fudan.edu.cn/2017/0606/43930.html.

名，这些都会影响调查结果。同样，也有其他的变量影响你的调查结果的真实性。例如，你今天刚刚被老师批评了，老师还没收了你的手机，并且要找你家长，你放学路上遇到一个调查团队，调查中学师生关系，这时你的回答和你被老师表扬过的回答可能完全不一样。而提问的方式也会使人做出不同的回答。有些调查的问题很具有误导性，譬如一个采访问题是“你是否每周一都自愿参加升国旗仪式”和“你是否每周一都自愿履行爱国义务、参加升国旗仪式”就可能得到不同的答案，因为后者本身带有诱导性。

不会有一项调查或研究是完全客观的，多少都会夹杂一些主观的因素。科学虽然很强调精确，但也会有误差。你会看到调查报告最后都有一个部分叫作“局限性”，会说明调查的局限在哪里。

此外，你所使用的研究报告需要具有**时效性**。到底需要是多近的研究结果？要根据你的主题不同做出判断。例如，对于同性恋的看法，100 年前人们认为这是一种需要治疗的“疾病”；20 世纪 80 年代的时候，它虽然被排除出了疾病的范畴，但在很多国家仍被视为一种犯罪。而 21 世纪，在越来越多的国家，同性婚姻都合法了。这就是一个很迅速的变化。

4. 诉诸无关权威

某专家曾经提出……

专家和权威的言论当然比普通民众口耳相传要可靠得多，但我们需要考虑这样的可能：

小浣熊：×××教授最近关于家庭教育问题的演讲可真精彩！

猫熊：他怎么这么了解家庭教育问题啊？

小浣熊：他可是著名的历史学教授！对传统文化特别有研究！

这种逻辑谬误叫作**诉诸无关权威**。

鲁迅在《名人和名言》里面有这样一段有趣的话：

社会上崇敬名人，于是以为名人的话就是名言，却忘了他之所以得名是那一种学问和事业。

我们当然不排除×××教授作为著名历史学教授对家庭教育问题也研究颇深，但是当一位并非相关领域的“专家”的人发表观点时，我们还是要更警惕一些。

况且，就算是同一领域的专家，也可能自身就带有偏见。某人是某领域学界公认的专家——意思不是说他/她受到广大群众的喜爱，而是说其学问在对该领域很有研究的人中受到认可——大大增加了他/她对该领域所发表观点的可信度，但我们仍然要时刻绷紧怀疑的敏感神经。

即便是相关领域的权威，我们也要警惕其是否带有自身的偏见。比如之前有一位很有名望的教育界泰斗在分析新高考时说考题思辨性很强，对女生很不利，这显然是本身就带有偏见的言论：认为女生的思辨性不好。我们固然承认其在教育界发言的权威性，但我们不能因此就忽略发言中的偏见。

总而言之，专家和权威的言论也必须是经过了较完善论证的观点——重点在于论证，而不在于是谁提出的。如果你只看是谁提出的就选择相信或不相信，那么就犯了**起源谬误**：

根据某个观点的起源（人的身份/地域）来判断这个观点的对错。

“你听妈妈的准没错，妈妈还能害你吗？”

我们当然相信妈妈肯定是不想害你的，但“妈妈说的”并不能证明某个观点天然的正确性。

起源谬误也经常被用来开地图炮：

“你竟然相信××地的人说的养生之道？你不知道那儿的人什么都吃吗？”

或是为自己/别人辩护：

“我只是个小老百姓，我能懂什么法律规定？”

你的身份并不能为你不懂法提供合理的前提，况且你是一个公民，你要了解公民的基本权利和义务，而不只是什么所谓的“小老百姓”。

总结一下，你所使用的证据当然可以是典型事例、调查报告、专家权威言论……但你使用它们的前提是，你需要首先认识到每一种类别的证据都有其局限性，你的感知也有局限性，重要的还是要对这个证据本身做出判断，而不是不假思索地相信。没有谁说的每句话都对，你自己是这样，专家和调查数据也是一样。

三、好理由是论证的关键

热身

想想你来上学的 20 个理由。

1. 理由要与主张相关并且充分

一个好理由的判断标准很简单：相关且充分。即：

- **理由与主张的相关性强；**
- **理由充分到足以支持主张。**

我们来看一个例子，首先提出一项主张：

海豚中学是个好学校。

提出三个支持这一主张的理由：

理由	证据
教学模式先进	推广小班讨论式和项目制教学，大部分课程拥有线上教学平台
校园文化活动多样	有街舞社、模联社等多个社团，有公民教育类的人文项目，有足球赛、戏剧节等文艺和体育活动
获得社会各界认可	教育部为学校颁发了××证书，教育界对海豚中学评价较高

并不是我们列出三个理由之后就结束了，你必须考虑每一个理由跟主张之间的关联在哪儿？例如，校园文化活动多样能够支持“海豚中学是个好学校”这一主张吗？换句话说，校园文化活动多样的学校就是好学校吗？你需要解释这个关联，这就是你的推理过程：校园文化活动多样能使学生接触不同的文化，思维可以更开阔，思想更加包容多元。学校的目的就是培养有现代人格的公民，校园文化多样有助于促进这一人格的形成——这也是我们在“判断类型”部分提到的判断标准问题。你判断一个学校是否是“好学校”，需要有一个明确的标准。如果你给出的理由是“海豚中学的学生家长素质很高”，这就是一个很难令人信服的理由，因为家长的素质和学校的好坏并没有强相关关系。

有几种典型的“不相关谬误”，了解这些“不相关谬误”，才能审视我们的主张与理由之间的关系。

（1）诉诸情感/诉诸恐惧

不转发这条微博，一个月内会有大灾难！

是中国人就顶起来！

通过对情感的渲染和刺激，来使你做出一些非理性的事，这是演讲、广告和传销组织经常使用的手段。我们在说理写作中，是靠严谨的论证而不是情绪的渲染来说服别人。

（2）转移话题

就是有话不直说，所答非所问，东拉西扯地进行一些诡辩。

警察：邻居举报你家暴。

某甲：我和我老婆关系很好的。

警察：我问你进行过家暴吗？

某甲：我都说了我跟我老婆关系很好的。你还想让我说什么？

警察：请你直接回答“有”或“没有”。

或者：

交警：你知道右转车辆要避让行人吗？

某乙：您看，我刚考到驾照，今天第一天上道。

交警：所以呢？就不需要避让行人了吗？

反击这个谬误的办法就是像上文的警察一样，抓住问题要点，要求最直接的回答。

(3) 诉诸人身

不直接回应对方的言论，而是直接质疑对方的人品、动机等。这可以说是一种更恶劣的攻击方式了。

三石：我们应该完善员工产假制度。

芳邻：看你那没出息的样儿，就知道在家带孩子！

三石：为什么我带孩子就没出息了？

非常遗憾地说，我们的网络环境中充斥着诉诸人身的言论。

某明星去世后，有人竟然去这位明星女儿几天前的微博自拍下留言：“你爸都快死了你还有心情自拍？”实在令人难过。

(4) 诉诸无知

在论证过程中有一项重要的原则是“谁主张谁举证”。你提出了主张，就需要去论证它。否则就是一种**诉诸无知**的谬误。

> 小花：昨天晚上我看了一个鬼片，吓得睡不着觉。
>
> 三石：你这是自己吓自己，世界上哪有鬼啊？
>
> 小花：你能证明鬼不存在吗？
>
> 三石：……
>
> 小花：你看，证明不出来吧？到现在还没人能证明得出来呢，世界上肯定有鬼的，不然怎么解释那些灵异事件呢？

“你没法证明鬼是不存在的，所以鬼是存在的”这个逻辑就是一种诉诸无知。

为了更好地完善理由和论证，我们需要具体了解一些论证的基本知识。首先是论证结构。

2. 拆解论证结构

我们在说理中提出的理由是前提，主张是结论。此处，我们需要区分两个概念：理由和原因。它们看起来非常相近，而且常常都是用“为什么”来提问。比如：

对话 A：

> 小花：你今天看起来好憔悴呀。
>
> 光头：为什么呀？
>
> 小花：你看你眼眶都是青的，还有眼袋。人也蔫蔫的。

对话 B：

> 小花：你今天看起来好憔悴呀。

光头：被你看出来啦！

小花：为什么呀？

光头：别提了，我为了赶说理写作的作业，今天早上两点钟才睡，现在眼睛都快睁不开了！

对话 A 中的小花提出了自己的主张，即她认为光头今天很憔悴，光头询问的是关于这个主张的理由，即小花为什么会认为自己看起来很憔悴。而对话 B 中，小花询问的是光头憔悴的原因。我们将对话 A 中小花的回答称为因果论证，在这种论证中：

主张：你今天看起来好憔悴呀。

理由：你眼眶都是青的，还有眼袋。人也蔫蔫的。

而我们称对话 B 为一种因果解释：光头在给小花解释自己看起来憔悴的原因。它不存在理由支持主张，而只是在解释他们都看到的一个现象是如何产生的。

合理解释能帮我们更好地理解世界，而有效论证使我们能够理性判断。

在判断一种论证是否有效时，把论证的前提和结论拆解出来画成图，是一种不错的方法。基本的论证结构有几种类型：I 型、T 型和 V 型。

I 型：从一个前提直接推出一个结论。

例如：

你发高烧了，无法离开被窝。

↓

你待会儿不要和小花一起去看电影了。

我们当然不排除你发高烧裹着五层棉被也要和小花一起去看电影的决心，但这个前提已经构成了不去看电影这个决定的强理由。

从两个或以上的前提推出结论，这种类型就可能是T型或V型的。

T型：

前提1————————前提2

↓

结论

这里的前提1和前提2是有关联的，它们同时为真才能共同支持结论。

例如：

所有的绿毛狗都会乱咬人——蒸蒸的狗是绿毛狗

↓

蒸蒸的狗会乱咬人

这两个前提必须同时成立，结论才能成立。由蒸蒸的狗是绿毛狗无法直接得出它就会乱咬人的结论，而即便所有的绿毛狗都会乱咬人，如果我们不知道蒸蒸的狗是什么颜色，又怎么能判断出它会乱咬人呢？

有时，T型结构中也包含两个以上的前提，例如：

出门戴帽子的狗都是绿毛狗——绿毛狗都会乱咬人——蒸蒸的狗出门要戴帽子

蒸蒸的狗会乱咬人

此时，必须这三个前提同时为真，结论才能为真。

V 型：

前提1　　前提2

结论

这里的每一个前提都可以独立地为结论提供一定的支持，每个前提之间不相互依赖，它们都可以加强结论的有力程度。

例如：

今天空气的PM10指数超标了　今天空气的PM2.5指数超标了

今天最好待在室内关上窗子，以减少污染对人体的影响

PM10 指数和 PM2.5 指数并不互相影响，而它们任一指数超标，我们最好都乖乖地待在室内关上窗子。

V 型结构当然也有超过两个前提的变体，例如：

我的英语作业没写完　我的膝盖扭伤还没痊愈　今天午饭后我肠胃不舒服

我今天午休时间还是不要去打篮球了

这里的每个前提都加强了我做出不打篮球这个决定的想法。

当然，我们见到的更多是复合型结构，也就是同时包含 I

型、T 型和 V 型中的两种或更多，层级也会更复杂一些。比如，它可能是这样的：

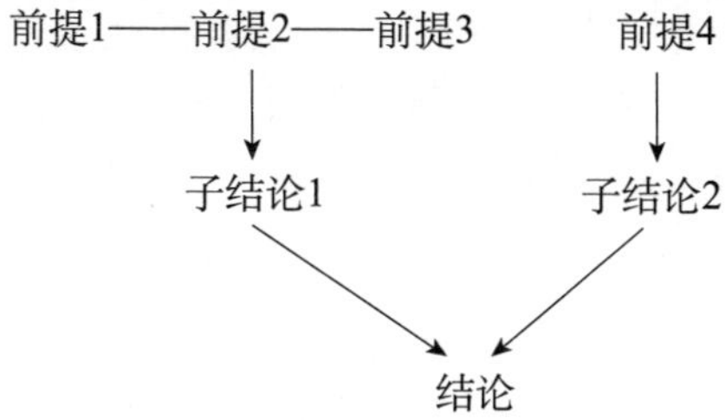

我们会在“演绎与归纳”部分再次用到结构图。

3. 演绎与归纳

在你构建一项论证时，有两种经典的论证形式：演绎和归纳。

（1）演绎论证

演绎论证在前提为真的情况下，结论必然成立。演绎论证的常见模式有三段论、排除法、基于数学的论证等，我们主要了解一下三段论，它是一套很简单的逻辑规则。亚里士多德创立了世界上最早的逻辑规则，我们至今都在使用。三段论是亚里士多德提出的最著名的逻辑工具，就是从两个或更多的前提推出一个结论，结论必须是根据前提推出的。简单来说，如果前提为真，则结论一定为真。亚里士多德验证了 256 种形式的三段论，并确认了其中有 19 种是有效的，也就是说，按照其余的 237 种逻辑规则，从正确的前提出发都将推导出错误的结论。

三段论包括直言三段论、选言三段论和假言三段论等。

A. 直言三段论

举一个经典例子：

大前提：所有的人都会死。

小前提：三石是人。

结论：三石会死。

根据假的前提，一种有效的三段论将推出错误的结论。

例如：

所有的北大附中学生都能上北大。

小渔是北大附中学生。

因此，小渔可以上北大。

这只是个美好的幻想，怎么可能所有的北大附中学生都上北大呢？

这也构成了一种逻辑谬误：有问题的前提。即根据某个前提得出结论，但这个前提并不可信。

同样，前提为真，结论为真，也可能是无效的三段论。

例如：

有些中国学生能上北大。

所有的北大附中学生都是中国学生。

因此，有些北大附中学生能上北大。

前提没毛病，结论没毛病，但这是种无效三段论。只要把“能上北大”换成“……的在读学校在上海”再读读就会发现问题：

有些中国学生的在读学校在上海。

所有的北大附中学生都是中国学生。

因此，有些北大附中学生的在读学校在上海。

那么，到底是哪里不对呢？这就是在推理过程中出现了错误。在论证中，我们要同时关注前提的真实性和推理过程的有效性。

将一种论证以标准三段论形式表述出来，就是标准化论证的过程。我们的日常对话基本不会用三段论这种形式来表达。想想吧，如果光头跟热带鱼说：

人在饿的时候需要吃饭。

我是人。

因此，我在饿的时候需要吃饭。

热带鱼可能想跟光头绝交了。

我们通常只会说：

饿死我了，咱们快去吃饭吧。

在生活中存在很多省略三段论，也就是说，它是存在隐含前提的。既然是隐含的，我们常常察觉不到。例如：

三石：你知道吗？文学社来了新社长，咱们赶紧换个社团吧。

小花：为什么啊？你昨天还说过你很期待能有新社长啊？

三石：但我刚听说新社长是海豹书院的，你还不知道吗，盼盼就是海豹书院的，她成天奇奇怪怪的，她们书院的人都那个样子。

这段对话实际上包含了如下三段论：

所有海豹书院的人都很奇怪。

新社长是海豹书院的。

因此，新社长会很奇怪。

更多时候，我们的一段话里会包含不止一个前提和不止一个三段论。我们先不谈三石的轻率归纳和书院偏见问题，继续扩展这段对话。

三石：你知道吗？文学社来了新社长，咱们赶紧换个社团吧。

小花：为什么啊？你昨天还说过你很期待能有新社长啊？

三石：你看刚进来那个人，他就是新社长了，看他那样子，肯定是海豹书院的，他们书院的人都奇奇怪怪的。

小花：你怎么看出来他是海豹书院的？

三石：校服扣子都不扣，书包带子还是坏的，走路都握着个手机不撒手，肯定就知道打游戏。你还不知道嘛，他们书院的人就那个样子。

这其中就包含了三个三段论：

其一：

所有走路握着手机的人都打游戏。

新社长走路握着手机。

因此，新社长肯定打游戏。

其二：

所有校服扣子不扣、书包带子坏了、拿着手机打游戏的人都是海豹书院的。

新社长校服扣子不扣、书包带子坏了、拿着手机打游戏。

新社长是海豹书院的人。

其三：

所有海豹书院的人都很奇怪。

新社长是海豹书院的。

因此，新社长会很奇怪。

这时候也就出现了不可接受的前提谬误，即我们认为这个结论的前提是不能被接受的。

B. 选言三段论

选言三段论采用“非此即彼”的陈述模式。即：

三石要么活着，要么已经死了。

三石还活着。

因此，三石没有死。

活着和死亡是非此即彼的状态，并不存在一种半死不活的状态。

抽象成符号就是：

要么 P，要么 Q。

非 Q。

因此，P。

这样非此即彼确实不太多。想一想我们日常能遇到的，大概有“电灯要么开着、要么关着”，“飞机要么在天上、要么在地上”……但你能看到一些属于**“虚假两难”**的争论，也就是说，人为创造了一种假的非此即彼，比如爸爸叫你吃饭的时候可能说：

你要么现在来吃饭，要么就一直饿着吧！

（我相信爸爸是为你的身体健康着想，只是犯了一个小小的逻辑谬误，所以爸爸这么跟你说的时候，请赶快去吃饭。）

虚假两难逼迫你从两个给定的选项中做出选择，而其中一个通常是特别糟糕的选择，于是你就不得不选择另一个同样不想选但看起来没那么糟糕的，所谓“两害相较取其轻”。你可能在网上看到过这样的文章，在结尾处附上一句慷慨激昂的“不转不是中国人!”这等于给你提供了一种虚假两难：你要么转发本文，要么就是卖国贼。如果你不想当卖国贼，就得转发我的文章。事实上，我转不转这文章跟爱不爱国有什么关系呢?

C. 假言三段论

包含假言命题“如果……那么……”的三段论。

例如，学校会发邮件警告你：

如果你本周没有做课程反馈，那么你该课成绩将被扣除1分！

这些假言命题被放在三段论形式中，形成纯粹的或混合的假言三段论。纯粹的假言三段论的两个前提和结论都是假设性命题。

如果你没有完成前一周的作业，你本周上课就不能参与讨论。

如果你上课没有参与讨论，你就没有本周的课堂表现分。

所以，如果你没有完成前一周的作业，你就没有本周的课堂表现分。

(大家请一定要写作业。)

当然，并不是所有的假言三段论都由三个纯粹的假言命题构成。有些是混合的，在混合的假言三段论中，只有大前提是“如果……那么……”形式，另一个前提和结论都是直言形式的。

例如：

如果今天下暴雪，我们就没法上课了。

今天下暴雪了。

因此，我们没法上课了。

或者：

如果今天下暴雪，我们就没法上课了。

我们今天上课了。

因此，今天没有下暴雪。

这里的“如果”命题被称为前件，“那么”命题被称为后件。前件和后件的逻辑关系很明确。

我们经常看到的一种错误叫作**否定前件**。

如果今天下暴雪，我们就没法上课了。

今天没有下暴雪。

因此，我们今天还得上课。

问题出在哪里呢？今天如果 PM2.5 超过 200 或者台风、海啸来了，我们也没法上课。下暴雪不是不上课的唯一前提。

还有一种错误叫**肯定后件**。

如果今天下暴雪，我们就没法上课了。

我们今天没在上课。

因此，今天下暴雪了。

很明显，这也是有问题的。理由同上。

好了，演绎论证暂时告一段落，很遗憾我们日常遇到的演绎论证少之又少，因为要确保大前提为真实在是太难了。我们用到的更多的是归纳论证。

（2）归纳论证

归纳论证并不像演绎论证那样能推导出如此严谨的必然性结论。在演绎论证中，只要前提为真、推理过程有效，结论就不可能是假的。然而，无论我看到多少只白天鹅才归纳得出了“所有天鹅都是白的”这个结论，只要出现了一只黑天鹅，这个结论就将被推翻。

既然如此，那么存在可靠的归纳论证吗？答案是肯定的，一项强归纳论证的效力并不逊于演绎论证。自然科学也好，社会科学也好，都主要依赖于归纳的方法，也正因为如此，它们也经常受到质疑，质疑又使学者们进一步探索，由此寻找出更具普遍性的结论。

归纳论证结论的可靠性依赖于带有较强可信度的前提以及前提与结论的相关性。例如：

中学生正处于青春期阶段，有必要掌握一定程度的性常识。

相当一部分家长会认为跟孩子讲解性知识是难以启齿的事，索性闭口不谈。

如果学校不开设性教育课程，学生就会自己去寻找其他途径了解性知识，现在的网络环境对青少年并不十分安全，学生极有可能接触到错误的性知识或色情内容。

因此，中学应该开设性教育课程，以确保学生获得必要和正确的性知识。

一篇文章中是否会同时包含演绎论证和归纳论证？当然了，这两种论证可是很有关联的。演绎论证与归纳论证看起来是完全相反的东西，不过，如果你能运用演绎论证的形式对归纳论证进行重构，有时会使归纳论证看起来更有力。例如：

> 三石很不喜欢学化学，他对计算机很感兴趣，现在又恰巧有转专业的机会，因此他应该选择转专业。

如果为这种归纳论证构筑一个大前提——每个人都拥有选择自己所热爱专业的权利，那么这种论证看起来就更令人信服了。

来看一篇完整的论证文章是如何搭建起论证结构的：

> 从 2016 年起，国外多家媒体开始关注报道人工智能中存在的性别偏见，多位著名女科学家也发声指出这一现象。李飞飞，斯坦福人工智能实验室负责人（斯坦福 AI 实验室唯一的女性），也是谷歌云首席科学家，说："人工智能将对人类社会做出巨大改变，但我们这一整代的技术人员和领导人的多样性却正在消失。"
>
> 2012 年，美国政府在为丰田 2011 款塞纳汽车做汽车正面碰撞试验中使用了女假人，发现当这一款车在以 35 英里每小时的速度撞上护栏时，坐在前座的女假人有 20%～40%的死亡或者严重受伤概率。而之前在使用男假人时，平均概率是 15%。弗吉尼亚大学应用生物力学中心 2011 年做的调查发现，系上安全带的女司机与男司机在经历同样的汽

车碰撞时，受伤的概率比男司机高出47%。

卡内基梅隆大学用软件Ad Fisher发现，谷歌网站会通过用户表现猜测用户是否是男性用户或者女性用户。一旦判断用户是男性，谷歌更有可能向用户展示高薪管理职位的广告（给男用户展示了1 852次，给女用户展示了318次）。（另外，大家不妨在各网站搜索“首席执行官”的图片，你会发现出来的大多都是男性的照片。）

波士顿大学和微软的研究人员在2016年发现，学习谷歌新闻文字的软件再现了人类的性别偏见。当研究人员对软件提问“男性是程序员，那么女性是?”时，它的回答是“家庭主妇”。新的研究表明，性别偏见根植于两组图片集中（华盛顿大学的ImSitu和微软的COCO），原本是用来帮助软件更好地理解图像内容。每个图片集都包含了10万多个来自网络的复杂场景，并配有说明。两个数据集都存在性别偏见。在COCO中，勺子和叉子等厨房物品都与女性高度相关，而类似滑雪板和网球拍等户外运动设备则更多地与男性相关。当图像识别软件通过这些数据集进行训练时，这种偏差就会放大。COCO数据集训练出来的系统可能会把鼠标、键盘和男性更为紧密地联系在一起。

除了输入数据产生的偏见，人工智能也能通过和用户的互动产生偏见。2016年，微软推出的聊天机器人——Tay——在Twitter上正式上线。然而在短短24小时内，Tay在部分用户的刺激下开始发表种族歧视、性别歧视的言论，被微软匆匆下线。在后来的公开信中，微软声称在

> 开发 Tay 时已经为其加入了很多言论过滤功能，并且在 Tay 可能会说出不当言论的场景进行了大量的压力测试。微软声称，有人利用了一个漏洞对 Tay 展开攻击，最终使其开始在 Twitter 上发表“极为不当”和“应受到谴责”的文字和图片。
>
> 人工智能用的算法（algorithm）是人类设计和训练的。科研者的价值观和偏见对算法都造成很大的影响。这也是为什么我们需要更多的女性科研人员参与人工智能的设计，将女性用户的需求还有尊重性别平等的理念融入人工智能的系统里。①

以上文字通过对一系列覆盖面广、代表性强的人工智能系统当中所包含性别偏见案例的分析，归纳得出：目前的人工智能中存在较多性别偏见，其中出现的数据和事例，可信度很高，具有代表性和概括性，且与结论的相关性强。我们不妨画一下这篇文章的结构图：

前提 1：丰田车实验中，同等条件下会造成女司机比男司机受伤概率高 47%。

前提 2：谷歌网站会通过用户表现猜测用户性别，并在判断用户是男性后为其推送高薪管理职位的广告。

前提 3：ImSitu 和 COCO 数据集包含明显的性别刻板印象。

子结论 1：人工智能的输入数据存在偏见。

① 没有女性平等参与的 AI 研究终将走向偏见（节选）. 联合国妇女署官方微信公众号（2017-11-06）[2019-05-25]. 文本引用时略有改动。

前提 4：微软在 Twitter（推特）上推出的聊天机器人 Tay 在部分用户的刺激下开始发表种族歧视、性别歧视的言论。

子结论 2：人工智能可以通过和用户的互动产生偏见。

子结论 3：在人工智能中，性别偏见大量存在。

前提 5：人工智能用的算法是人类设计和训练的。

子结论 4：科研者的价值观和偏见对算法都造成很大的影响。

结论：我们需要更多的女性科研人员参与人工智能的设计，将女性用户的需求还有尊重性别平等的理念融入人工智能的系统里。

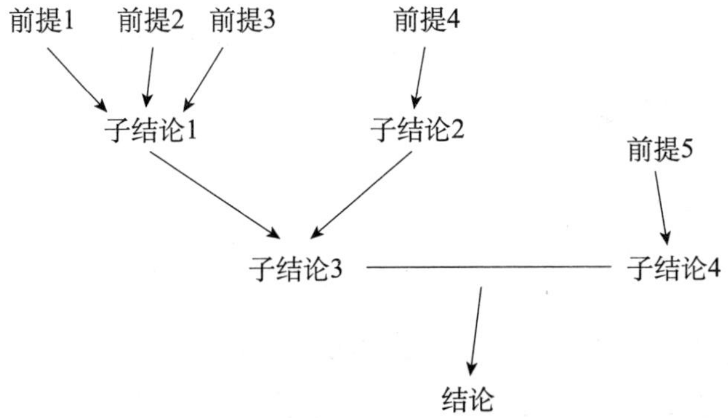

实际上，这当中还存在两个隐含前提，否则仅仅根据“在人工智能中，性别偏见大量存在”和“科研者的价值观和偏见对算法都造成很大的影响”，将无法直接得出“我们需要更多的女性科研人员参与人工智能的设计”这个结论。

隐含前提 1：人工智能中不应该存在性别偏见（这是一个道德前提）。

隐含前提 2：女性科研人员的参与将使女性用户的需求还有

尊重性别平等的理念融入人工智能的系统里，这有助于消除人工智能中的性别偏见。

结论：我们需要更多的女性科研人员参与人工智能的设计。

隐含前提1————隐含前提2

↓

结论

这里又是一种演绎论证了。一篇文章中可能会包含多种论证结构，在你写完一篇文章的时候，可以自己画一下结构图，来看看你的文章是不是存在逻辑链断裂的情况，所包含的隐含前提是不是可靠的、不需要再进行论证的前提，它究竟能在多大程度上说服别人。

在归纳论证中，我要在此提出一种容易犯的谬误：**轻率归纳**。即从很少的个例，有时是自己有限的观察出发，就推出整体的情况。

> 我从小到大都没见过咸粽子，粽子就应该是甜的！
>
> （蛋黄肉粽了解一下，很好吃的。）
>
> 小明老师：现在的孩子一点也没有规则意识，都是家长给惯的！
>
> 小红老师：怎么啦？
>
> 小明老师：我们班的三石，今天差点把教室的电脑屏幕给砸坏，事后还若无其事！

从一个三石砸电脑直接得出结论——“现在的孩子一点也没有规则意识”，而三石根本无法代表“现在的孩子”。进而又进行了轻率归因——“都是家长给惯的”，但这一件小事到底是不是因为他“没有规则意识”也有待考证。

轻率归纳还有一种更过分的表现形态，就是根本没有证据或者只是根据听说来的事就推出整体的情况。

小红老师：你知道吗，听说小星老师班上的三石啊，今天差点把教室的电脑屏幕给砸坏，之后还若无其事的！

小明老师：都砸起电脑了？她们班的班风肯定很差。

等等，您二位只是听说了这件事，真假还不知道，就直接说小星老师的班班风很差，这样合适吗？

所谓“谣言”就是这样产生的。

最后，我们来看一篇小渔的文章，你可以尝试标出这篇文章的理由和证据，拆解一下论证结构，并想想，你是否同意她的观点？你觉得她的论述充分吗？在这其中是否存在一些不太合适的论述？其中存在矛盾的观点吗？

世界和平与安全不应让位于所谓“民主”

——对废除联合国安理会常任理事国一票否决权问题的讨论

在 2018 年 9 月 29 日的联合国大会上，马来西亚总理马哈蒂尔在演讲中表示，要求取消安理会一票否决制度。“他们在别国鼓吹民主、颠覆政权，却拒绝让安理会拥有民主。”① 其实，早自联合国创立以来，世界各国对这一问题便开始了一系列持久的争论——有观点认为，一票否决权是“特定国家基于特定政治经济环境获得的一项历史性权利”，

---

① 马来西亚总理：建议取消安理会五常“一票否决”制．(2018 - 09 - 29) [2019 - 10 - 21]. https://www.bilibili.com/video/av32690933? from=search&seid=8114529851754204605.

不应予以废除；也有观点认为，一票否决权“从根本上违背了国际社会普遍信奉的国家主权平等原则”[①]，不符合其他国家的利益，必须予以废除。的确，在联合国安理会上，某些大国会利用这项权利推行自己的霸权主义政策，或拖延安理会决策效率。但是，历史与现实皆已证明，废除常任理事国的一票否决权并不是一项明智的提议。

《联合国宪章》将安理会的主要职能规定为“维持国际和平及安全”[②]，而一票否决权制度能够对安理会在此方面的执行力做出保障，从而为安理会的稳定与其职能的发挥提供有力支持。安理会发挥职能的具体表现便是它对于决议的执行，如实施经济制裁、派遣维和部队等，而五个常任理事国则是执行决议的中坚力量。五国分摊了相当大部分的维和经费，在实际维和行动中，这些国家都在35个最大派遣国之列[③]，它们强大的经济实力也是它们对某些国家实施经济制裁的有力后盾之一。它们负有特殊的、无可比拟的巨大责任。可以想象，如果不赋予这些国家相应的权利会发生什么。近期，特朗普政府因为对美国国家利益有所触犯，退出了许多国际组织与国际条约。美国国务卿赫尔利亦曾

---

① 刘莲莲，王晴．国际组织中大国否决权的规范价值探析．国际政治研究，2018，39（2）：77－106.

② 联合国宪章．［2019－10－21］．http：//www. un. org/en/sections/un-charter/chapter—v/index. html.

③ 刘从德，刘卫．“五国均势机制”与联合国改革．当代世界与社会主义，2007（2）：68－71.

明确表示："如果没有否决权，美国一天也不会留在联合国。"①

有人会质疑，如果大国拒绝履行责任甚至退出联合国，将遭到国际社会的强烈谴责，因而不敢这样做。但是，我们不应过高估计伦理道德对国际政治的影响。例如，美国之前也曾多次顶着"国际社会的强烈谴责"干预别国内政，其他国家对此也无能为力。再往前追溯，一战之后，意大利、日本等国为发动大战而退出国际联盟导致其土崩瓦解的例子也证明了这一点。这一后果将会是极为可怕的。大国的消极抵抗甚至退出会使安理会职能很大程度上陷于瘫痪，国际社会动乱加剧，联合国的权威性遭到前所未有的挑战。

常任理事国一票否决权制度不仅是安理会发挥其自身职能的保障，同样是避免大规模战争爆发以及国际社会持久和平的保障。安理会对决议的投票遵循"大国一致"原则，即一份决议草案的通过需要五个常任理事国的一致同意。只要有一个常任理事国反对，决议草案就无法通过。这种相互的牵制与制约使五个大国间保持了一定程度上的权力均衡，不至于一方势力过于强大而过度损害另一方利益（就像凡尔赛—华盛顿体系下的德国那样），以致大规模战争的爆发。汉斯·摩根索在《国家间政治》一书中提出观点称，权力均衡是国际社会稳定的保障之一。②

确实，历史证明，自安理会创立以来，一直未有大规模

---

① 袁士槟．联合国安理会表决机制的探讨：对否决权的思考．外交学院学报，1994（2）：49.

② 汉斯·摩根索．国家间政治．北京：北京大学出版社，2006.

国际性战争爆发。这种微妙的平衡维持了一种微妙的和平。举例来说，比如美国想要在安理会通过制裁塞尔维亚的决议草案，它必须获得俄罗斯的赞成票或至少是弃权票。美国如果想不退出联合国体系而在其中继续享受大国地位的话，就不得不考虑国际道德的影响。在最近一次经济与社会理事会会议上发生了罕见的一幕：古巴代表们集体拍桌子、叫喊，以对美国召开会议对其实行制裁的行为表示抗议①，美国于是不得不与俄罗斯人沟通协调，发挥“妥协的艺术”以获其赞成票。于是，一票否决权的设置又促进了大国间的沟通协调。它们会彼此“说明它们认为必须实现的目标以及不得要求它们做出的让步和它们愿意做出的让步”，因而至少能够“在分歧存在的情况下，维持一种基本的合作关系”。大国间的和平便能够作为世界和平的保障。②

联合国安理会常任理事国一票否决权制度完全有理由被看作国际和平与安全的保障。以“不民主”为由废除这一制度显然是不理性的。与其因一些在现有制度框架下难以避免的问题而反对这一制度，国际社会更应该致力于完善这一制度，以使安理会的职能得到最大限度的发挥，世界的和平与各国的利益得到最大限度的保障。

---

① 联合国罕见一幕：古巴外交官拍桌子打断美代表演讲．（2018-10-18）[2019-10-21]. https：//www.guancha.cn/internation/2018_10_18_475860.shtml.

② 参考消息．中美重启外交安全对话，释放出什么信号？．（2018-11-07）[2019-10-21]. https：//mp.weixin.qq.com/s/2_NDaGycOUyJ-6d29yL6DA.

总结

考察一种论证的可靠性，既要考察其前提的真实性，又要考察其推理的有效性。

演绎论证：前提成立则结论必然成立。

归纳论证：通过可信的前提保证结论的可靠性。

逻辑谬误：

虚假两难　否定前件　肯定后件　轻率归纳

4. 论证类型

热身

思考一个问题：你支持废除死刑吗？为什么？

除了在“判断类型”部分出现过的权衡论证，我们也经常用到以下几种论证方法：归谬论证、类比论证、因果论证。

恰当地运用将使它们成为重要的论证策略。它们的目的在于使你的论证不再是干巴巴的演绎、归纳和逻辑符号，从而更具体、形象地把道理讲清楚。在运用的同时，要警惕不当使用造成的无效论证。

（1）归谬论证

归谬论证的意思显而易见，即“归为荒谬”，也就是：

这一行为/决策如果被实行，将导致荒谬的后果——这一行为/决策不能实行。

而这里的后果必须是该行为或决策导致的，当中的推理也要完善，不能出现逻辑链断裂的情况，否则就会出现滑坡谬误——你的理由是无法充分推导出这个结论的，或者越过了中间的很多步骤，直接得出了结论。就好像你本来是要沿着台阶一步一步走到地上，结果没停住，继续滑到了沟里，或者直接从上面一跃而下了。我们可能都听到过这样的“教导”：

> 你怎么还在玩手机啊？你不抓紧时间学习，将来考不上好大学，就找不到好工作——那你这辈子就完了！

首先，我在这个时间玩手机并不等于不抓紧时间学习，由此也不能充分得出我考不上好大学这个论断；其次，考不考得上好大学和找不找得到好工作之间并非正相关——此处可能还要定义一下“好工作”是什么工作。接着，照此推理，我这辈子的幸福就毁于正在玩手机这件事上了。虽然手机还是少玩为妙，但道理不能这么泥石流一样地讲。

以下是神喵班关于“书院活动室是否应该允许学生打游戏”这个问题的讨论，这些同学都尝试使用归谬论证这一策略：

> 跳跳虎同学：书院活动室应该允许学生打游戏。
>
> 如果不允许打游戏，书院活动室中学生活动变得单一，想要休息的同学没什么可以放松的方式，这样活动室的气氛也不够活泼，从而导致学生个性缺失，我校历来倡导的自由风格有所削弱。

从不允许打游戏推论出书院活动室学生活动将变得单一，这里已经不太充分了：不打游戏，就没有别的放松方式了吗？接下来，更进一步说学生个性缺失，乃至学校的自由风格都削弱了——这确实很荒谬了，但并非活动室不允许打游戏这个规定所能导致的。

> 猫熊同学：书院活动室不应该允许学生打游戏。
>
> 如果书院活动室开放给学生打游戏，那么闲暇时间在书院活动室里的同学就会有人选择打游戏，这样也会吸引更多人参与和围观，发出噪声打扰到其他人，其他想休息和学习的人会因此没法在活动室待着。这严重违背了书院活动室建设的初衷：给同学们提供自习和休息的场所，并建设有特色的书院文化——除非你想建设一种游戏书院文化。

这是一个可能的荒谬后果——你可能说，它不够荒谬呀！这只是书院活动室允许学生打游戏而已，本身不会导致火山迸发、洪水、海啸那么大的后果。而导致想休息和学习的同学无法继续留在活动室、违背书院活动室建设的初衷，确实是一个可能出现的后果。

> 龙猫同学：书院活动室不应该允许学生打游戏。
>
> 书院活动室是供大家休息的地方，但是打游戏总会有大声交流喊叫的现象，大家在这种环境下不能集中注意力，所以打游戏会影响别人的学习，也会打扰想要休息的同学。同时，打游戏不学习就会使成绩下降，由此还会导致挂科，最终无法毕业，所以不应该允许学生在活动室打游戏。

打游戏很大声会影响其他同学的学习和休息似乎无可厚非，

但其中也有一点小问题：如果是单人打游戏，并不会有什么大声交流喊叫，一群人打游戏才出现这种情况。接下来默认了“打游戏”就是“不学习”，会使成绩下降，最后无法毕业，这个情况并不是普遍的后果。

（2）类比论证

类比论证我们经常会看到，有很多谚语和俗语都会使用类比，但是这些类比是不是准确实在有待考证。例如：

儿不嫌母丑，狗不嫌家贫。

这两句放在一起就非常奇怪，且不说母丑和家贫不是一个概念，哪有把孩子和狗放在一起说事儿的？

类比是否有效，关键要看类比物之间的相似程度。

A. 先例类比

英美法系中有“判例法”。两个案件在关键处的情形十分相似，所以可参考之前的判决。如果你说，之前案件中的嫌疑人是河南人而现在这个案件中的人是福建人，并不能成为反驳这一类比的理由，因为这并非案件的关键。你当然也不能用《大清律例》时期的案例去和现在的案例类比。

不过，我们经常会用到的是另一种类型的类比：

B. 因果类比

因为在某种类似的情况下结果是这样的，所以此事的结果也会是这样的。其中有一种情况是：在历史上，相同情形的走向是这样的，现在情况也是这样的。2018 年有一个很流行的帖子，当然这只是一个玩笑，没人会当真的：

1978 年，英国王子结婚，利物浦夺得欧冠冠军，教皇去世。

2005 年，英国王子结婚，利物浦夺得欧冠冠军，教皇去世。

2018 年，英国王子结婚，利物浦杀进欧冠决赛，现在最紧张的就是教皇了……

这里很显然，我们都知道教皇去世和王子婚否、利物浦有没有得冠军没什么关系。（顺带说一句，2018 年的欧冠皇家马德里队夺得了冠军，教皇总算放心了。）

鲁迅在《对于批评家的希望》中这样一段：

独有靠了一两本“西方”的旧批评论，或则捞一点头脑板滞的先生们的唾余，或则仗着中国固有的什么天经地义之类的，也到文坛上来践踏，则我以为委实太滥用了批评的权威。试将粗浅的事来比罢，譬如厨子做菜，有人品评他坏，他固不应该将厨刀铁釜交给批评者，说道你试来做一碗好的看：但他却可以有几条希望，就是望吃菜的没有“嗜痂之癖”，没有喝醉了酒，没有害着热病，舌苔厚到二三分。①

我们可以来画个表格：

类比项		被类比物
厨子做菜	就像	作家写文章
评价菜品的人	就像	文学批评者
厨子可以希望吃菜的没得病、没喝醉，具备品菜的能力	所以，通过类比	作家可以希望批评者懂文学批评，具备文学欣赏能力

① 鲁迅．热风．北京：人民文学出版社，2006：120。

此时，神喵班的同学们就“你是否支持废除死刑”这一问题展开了讨论。

黑猫警长同学：不支持废除死刑。

这就好比学习好了，就不需要做那么多题来巩固成绩。但是，不做那么多题不会让学习变好，反而会让学习更差。同理，人口素质高了，才能取消死刑，因为他们不需要死刑就能认识到自己的罪行或者不做触犯死刑的事。但是，取消死刑不能使人们的素质提高，反而会使之更差，因为本该被判死刑的他们认识不到问题的严重性，可能出去之后还会再犯罪。所以，按照我国现在的人口素质水平，废除死刑是没有道理的。

用学习成绩和人口素质这个类比实在是非常有趣。我们先来看黑猫警长同学的逻辑：学习好了就不需要做那么多题来巩固。我们将其简单标记为：学习好→不需做题。但后一句说的是不做题→学习差，由这句我们可以推出：学习好→要做题，与前一句是完全相反的结论。况且，人口素质高是取消死刑的前提，这里还需要澄清：人口素质如何界定？什么程度的人口素质就算高的？需要解释更多的问题。

小浣熊同学：支持废除死刑。

在欧洲大陆已经有许多高度发达的资本主义国家明确废除了死刑，因为死刑作为一种极刑，教育意义较低，甚至有可能适得其反，怂恿罪犯铤而走险；这些欧洲国家废除死刑的另一原因就是冤假错案无法昭雪，我国也存在着相同的案例，比如聂树斌案、呼格吉勒图案都因执行死刑而无法翻案。综上，废除死刑有其特殊意义。

小浣熊尝试使用了不同国家之间的类比，但各个国家之间的情况不一样，这个类比还需要进一步完善。

蓝皮鼠同学：支持废除死刑。

死刑的司法逻辑很有问题。反观其他的严重犯罪，比如你把人打残疾了，你强奸了别人，法律会判你监禁和赔偿，而不是判把你也打残疾了或判你也被强奸。你开车肇事，最后的判决也不是判你被撞。但如果你杀了人，最后的方式是将你也判处死刑，这其实是一种以暴制暴的方式，使用的还是“复仇”思维，因循的还是《汉谟拉比法典》逻辑，不符合现代社会的人权观念。

蓝皮鼠另辟蹊径，直指司法逻辑这个根源，认为死刑的逻辑是以暴制暴的“复仇”思维，这是一个很了不起的发现。不过，小浣熊也指出了他存在的问题——死刑有时并不是针对谋杀，也针对其他的犯罪方式。当案件并非故意杀人而是过失杀人时，并不会判处死刑，它是一种同时考虑动机和结果的判断，而不是只针对结果的裁决。

杠杠同学：不支持废除死刑。

废除死刑的后果就像将咬死了羊的狼从笼子中放出来一样。狼咬死了羊，将它关起来，它才能认识到自己的错误，并警示其他的狼这样做是错误的；如果将它放出来，它认为自己的错误还可以饶恕，并且会“诱导”更多的狼去咬家羊。是否该废除死刑的道理亦是这样，因此，不可以废除死刑。

杠杠同学的类比令人有些哭笑不得：狼为什么去咬死羊呢？因为这是它的天性，它要捕猎啊。死刑罪犯为什么去犯罪呢？显然不能用“天性”去解释。况且，待在笼子里能“认识到自己的错误”的狼可真是一头聪明的狼。

章鱼同学：不支持废除死刑。

这就如同剪裁枝叶一样：在树的移栽过程中会伤害到树木的根系，移栽之后如果不对部分叶片和枝条进行修剪，那么根系所获得的水分就难以补充因叶片的蒸腾作用散失的水分，从而使得植物失水死亡。死刑也同样，如果对于那些犯下严重错误、杀人放火的人不进行直接“剪裁”的处理，那么会有更多的人去追寻或是模仿他们的做法，即使获得牢狱之灾，也可以在狱中无疾而终；就像那些多余的枝叶，不被剪裁就会继续安然地吸收水分，就算最后和树木一同枯萎，自己也是满足的。若不废除死刑，则社会中的糟粕就难以及时去除，也会潜移默化地改变社会风气。因此，不应废除死刑。

章鱼同学使用了一种极其复杂的类比，为此还详细解释了一个生物问题。但是，她忘了一个很重要的问题：我们为什么要使用类比？是为了让人更方便地理解我们的观点。这种类比用了之后反而令论证更难理解，甚至要看好几遍才能明白这一类比的意思。

丸子同学：不支持废除死刑。

这就好比人类对核武器的使用。核武器会污染环境，造成大规模伤亡，是一种很极端的武器。但是，在战争爆发时，使用核武器能够保护人民。况且，不到万不得已的情况，我们是不会使用核武器的。人类历史上，也只有第二次世界大战时美国对日本使用过核武器：为了敦促日本尽快投降，不要再做疯狂的进攻。自从发明了核武器以来，世界出现了前所未有的连续数十年的基本和平。死刑这种方式确实是很残忍，但它对降低犯罪率起到了作用，非不得已法律也不会做出这样的判决。我们也必须承认，死刑有时会误杀被冤枉的人，正如核武器也会牵涉无辜平民，但效果是立竿见影的。

丸子用死刑与核武器进行类比，它们在性质上的相似之处是：极端手段，不到万不得已不会使用；有牵涉无辜的弊端，但效果立竿见影。这些都是很关键的特质。这个类比是较为恰当的。

最后不得不遗憾地告诉你，类比是一种看似很简单实际却很难的论证策略，因为看上去很多东西可以跟另一些东西进行类比，但真正相似的类比物并不容易找到。而且它只是为了能给人一种更形象的理解方式，它是一种辅助形式，不能只运用类比就直接得出结论——这样的论证很难是充分的。

一些不恰当的类比很能迷惑人，这就构成了一种逻辑谬误：**不当类比**。比如，之前有新闻报道一家三甲医院给孕妇发过期药，医院还给出解释："过期药就类似于菜没有吃完……我肯定吃剩菜，我相信所有中国人都吃过剩菜。"这里用剩菜类比过期药，可是剩菜对人体的危害和过期药的危害岂能同日而语？还有"被性侵的还不都是因为自己穿得太暴露了，苍蝇不叮无缝的蛋！"且不说这里的类比建立在"受害者有罪"这一恶意人身攻击之上，苍蝇叮鸡蛋是一种生存本能，难道作为高等动物的人类，性侵也是一种无法控制的本能？

(3) 因果论证

我们在"原因和理由"的部分已经提到，原因需要解释，而理由需要论证。此处，我们要涉及一个更复杂的问题，那就是有时解释也需要论证。比如，盼盼同学在分析"戒网瘾中心"存在的原因时，给出的一个解释是"从根源上讲，还是家长对孩子教育的无力，对'什么是好的教育'缺乏判断力"。此时，你就可以进一步要求她给出论证：为什么她这样认为？

一种因果论证是否有效的关键是，原因和结果之间是否具有因果关系。比如，我们在前面的例子中提到的英国王子结婚、利物浦夺冠跟教皇去世之间显然并不存在因果关系，而只是恰巧发生在同一年而已。

我们在高中的数学课上也会学到几种原因：充分原因、必要原因、充要原因、辅助原因。

充分原因/必要原因：

如果A发生，B就必然发生，但B发生不一定导致A发生。

则A是B的充分原因，B是A的必要原因。

小星老师是一个妈妈，所以她是一名女性。但由小星老师是女性，无法推出她是一个妈妈。妈妈是女性的充分条件，女性是妈妈的必要条件。

充要原因：

仅A出现就可推断出B发生，仅B出现也能推断出A发生了。

充要原因在科学理论中比较常见，例如：一个三角形是等腰三角形是这个三角形两腰上的高相等的充要原因；人乳头瘤病毒（HPV病毒）是宫颈癌的充要原因。但在日常生活中就不是很常见了。

辅助原因：

有助于事件发生的原因。

例如，吸烟可能导致肺癌。

吸烟是肺癌一个很重要的原因，但吸烟不必然导致肺癌，肺癌也不一定因为吸烟。

我们来看几位同学关于“你认为有哪些原因造成目前出现的青少年堕胎率升高这一现象”的讨论：

小浣熊：我觉得学校的性教育课程缺失必然导致青少年堕胎率升高。学生的主要活动场所就是学校，大部分知识也是在学校获得，如果学校不普及性知识，学生有这方面的需求，就会自己去网上查资料，这些资料可不都那么靠谱，最后就出事了。

眼镜猴：我同意你说的学校性教育课程缺失会对青少年堕胎率造成影响，但它不是单一的影响因素。最直接的原因应该是医院堕胎手术的普及性，学校性教育缺失可能会导致青少年进行无防护性行为的概率升高，从而导致青少年怀孕的比率升高。但你想想，如果是在偏远的不发达地区，无法实施堕胎手术，性教育缺失就无法对堕胎率升高造成影响。

长颈鹿：变量还不止这些。你不在学校学习这些知识，家长也可以给你科普啊。

小浣熊：但在国内，很多家长会觉得这样的事难以跟孩子启齿吧。

长颈鹿：可这不能说明性知识只能在学校学习。

小浣熊：有道理。我觉得媒体在其中也有作用。我去过一个城市，那里的汽车座位后面都印着“无痛人流”的广告，还有什么“上午做手术，下午就上班”这种广告词，这会给人造成一种印象，即堕胎是一件很容易的无所谓的事情。

眼镜猴：没错。还不止这样，在一些性教育普及的国家，堕胎率也不低，另外一些没有性教育的国家堕胎率并不高。比如穆斯林，他们的性教育不见得很好，但由于宗教信仰，他们不允许堕胎。

长颈鹿：所以，这种现象其实是很多因素共同作用的结果。

许多社会现象都是多种原因导致的结果，找到必然导致该现象的原因并不容易，有时可能根本没有，因为事物之间的相互作用本身就是复杂的。

这里还要介绍一个与因果论证相关的逻辑谬误：**腌菜谬误**。

它的名字源自一个与腌菜有关的梗：99%的癌症患者都吃过腌菜，99%死于火灾和车祸的人都在事故发生前一个月内吃过腌菜，所有生于1870年、后来吃过腌菜的人死亡率达到了100%！因此，腌菜是致命的食物，大家千万不要食用了。

好的，你看出这个论证中的问题了吗？

实际上，两个相关的事物之间并不必然存在因果联系：

一个城市中的警察数量和犯罪率可能是正相关的，而这并不能说明警察多会导致犯罪率高。

同样，两个先后发生的事件之间也不必然存在因果联系。

三石在文章里写道：

俗话说得好，“慈母多败儿”“严师出高徒”。邹韬奋小时候在父亲面前背书，只要有一点停顿父亲就要打他，他母亲一边哭还一边说“打得好”，就是这样严格的父母造就了优秀的出版家和革命者。著名的文学家鲁迅先生曾写过，他小时候在三味书屋，他的老师也是个非常严格的人，书屋里有戒尺，还有罚跪的规矩。就是这样的严师成就了鲁迅这样的文学巨匠、文学史的丰碑。

没错，他们小时候都被打了，但如何证明挨打和成为伟人之间的因果关系呢？我们也可以称之为**乱赋因果**。

同样，腌菜和死亡率之间有联系，但这种联系不足以表明腌菜提高了死亡率。如果你要说腌菜提高了死亡率，就必须说明，在食用腌菜的行为中有什么因素导致了人们死亡率更高。我们如何知道这是真的呢？你可以参考这些判断标准：

所认为的原因发生在结果之前吗？

在腌菜的例子中，吃腌菜确实发生在得癌症之前。

所认为的原因和结果之间有关系吗？

99%的癌症患者都吃过腌菜，看起来似乎有联系。

所认为的原因和结果之间存在可信的因果关系吗？

这就需要考虑一下了。如果食用腌菜导致死亡率提高，那么它必须有一些特性会导致人们更容易死亡。而这里提到的只是“99%的癌症患者都吃过腌菜”，无法做出因果关系的证明。先后顺序并不决定因果关系。

有没有其他可接受的替代原因？它们能被排除吗？

由于缺少对照组，所以针对腌菜得出的数据结论并不具有说服力。如果想说明腌菜确实影响我们的健康，就要将经常吃腌菜的人发生健康问题的比例和不吃腌菜的人发生健康问题的比例做个对比。如果缺乏适当的对照，那么就缺乏相关的证据。而且，

99%的死于癌症的人都吃过腌菜，可能的解释是99%的人都吃过腌菜，所以得不得癌症和吃不吃腌菜并没有因果关系。至于所有出生于1870年、后来吃过腌菜的人中，死亡率达100%，恐怕现代人中还没有谁活到140多岁的。这就像在说：现在年轻人生活太不规律，“95后”还没有谁活过30岁呢！——那是因为“95后”最大的也才20多岁。

在“青少年堕胎率升高”的例子中，可接受的替代原因则更多。影响这一结果的因素除了学校性教育缺失，还包括宗教、法律、政策、家庭教育等因素的交织作用。

我们来看一篇长颈鹿同学写的文章，他在文中用到了何种论证策略？是否恰当呢？你可以用笔标出来。

“正能量”可以伪造吗？

2019年5月8日，一个有200多万粉丝的博主发布了一个名为“网络中的键盘侠在现实中可能都是窝囊废”的视频。视频的内容是：一位美国人在他YouTube上的视频底下发布了歧视中国的言论，由于这个博主生活在美国，于是他直接开车到另一个城市线下去找这位“键盘侠”当面对质，最终成功使其道歉。可是没过几天就被曝光，这个博主根本就没到另一个城市，而是在自己的城市随便找了一个地方，而那个“键盘侠”也是他找的“托儿”。我本以为这种造假行为会使博主名誉扫地，没想到他不但接着发视频，底下的评论竟然还都是支持他的。诸如“初心是爱国就是好的”“看视频就是看个乐，干什么较真呢”。

伪造的是“正能量”视频，就可以接受了吗？我认为不是。

首先，从原则上讲，这个视频传播了虚假的信息，并且获取了可观的利益（此视频播放量高达 220 万），这本身就是违背了基本道德的一件事。如果说只是在做节目，有一点剧本是合理的——做美食、娱乐、旅游节目有剧本都还可以接受。可是，这个视频直接涉及了歧视问题，自己创建一个美国账号侮辱中国，这难道不是相当于同时侮辱了美国人和中国人吗？

其次，有人说他的初心是好的，是发布爱国正能量，可是，所谓“美国人的账号”是他自己建立的，所以视频中表现出来的那些对喷子的不满也不是发自内心，而是装出来的，但是他还声称自己在传播爱国情怀。这就好比一家水果店曾经卖过坏水果，而你到了店里发现找不到坏的水果，于是你自己戳烂一个，然后跟店主理论，然后告诉大家你在伸张正义。由此，我觉得他的初衷只是包装一个爱国博主的人设，以此来获得更高的流量。那么，这种做法到底能不能给社会带来正能量呢？不可否认，如果这件事情没有被曝光，确实让粉丝们觉得这是正义的事情，可这样也不是“增加民族自豪感”，而只是在渲染“民族情绪”，公开制造两国矛盾。

最后，造假被曝光出来，不仅仅会给看视频的观众带来不正确的引导，还会让其他图谋不轨的博主意识到，原来造假就可以获利。如果以后越来越多的博主选择视频造假，那么后果真是不敢想象。此外，因为那个“美国键盘侠”是博主的“托儿”，所以一切似乎很顺利。但他是一个极具影响力的博主。如果他的粉丝们都认同这种做事方法，以后遇到这类事情也用此办法解决，直接找上门去理论，那么遇到一些现实中比较极端的“键盘侠”，自己的安全也很难得到保障。而且这是在美国，如果一些不理智的粉丝们如此效仿，闯进别人家中，主人可是有权直接开枪的。

用错误动机、不良影响和粉丝们的人身安全换来虚假的“民族自豪感”，我认为这无疑是一件弊大于利的事。

总结

论证类型：

- 权衡论证
- 归谬论证
- 类比论证
- 因果论证

警惕：

- 价值之间是否可以进行权衡
- 滑坡谬误
- 类比物之间的相似程度
- 乱赋因果：以关联为因果、以先后为因果

5. 逻辑谬误

我并不打算专门用一节来讲逻辑谬误。你肯定已经在之前的

阅读中发现，每一章当中都会涉及一些逻辑谬误，也就是较差的论证。学习逻辑谬误的目的不只在于能够分辨出这些错误，或是掌握反驳别人错误逻辑的武器，更在于只有在我们了解这些谬误违反了哪些标准后，我们才能做出一个好的论证。

再者，并不是所有的逻辑谬误都被取了名字，这里也只列出了一些常见的谬误。也就是说，当你做一个论证或评价一个论证时，你发现自己没有犯任何我在此提到的逻辑谬误，也没法说你的论证就是完全合逻辑的（这确实是很遗憾的）。不过，当你在这些逻辑谬误中摸索出了一些逻辑规则时，你在做出判断的时候会更得心应手，更不易受到假论证的蒙蔽。

同时，你也不必太在意这些谬误的名字，把它们都背下来并没什么可炫耀的，而即便你一个都记不住也没什么关系，因为名称只是帮你辨识谬误的一个辅助工具，关键还是借助这个工具，更好地理解什么是一个好论证的标准。

我们已经提到，考察论证是否有效的标准包括：

- **相关性：理由与主张的相关性强**。
- **充分性：理由充分到足以支持主张**。
- **可接受性：证据对理性读者来说是可接受的**。

谬误则包含几个方面：

- **形式谬误：涉及论证结构的问题**。
- **非形式谬误：理由与主张不相关、不充分、不可接受**。

你可以借助以下的谬误名称回忆我们之前提到过的每一种逻辑谬误。

谬误合集

不相关：	不充分：	不可接受：
起源谬误	轻率归纳	不可接受的前提谬误
诉诸无关权威	偷换概念	虚假两难
实然/应然谬误	语义模糊	不当类比
诉诸情感	滑坡谬误	
诉诸恐惧	稻草人谬误	
诉诸流行	乱赋因果	
诉诸传统	诉诸无知	
不相关标准	没有真正的苏格兰人	
转移话题		
诉诸人身		

注意：

- 不是所有的论证错误都有名称
- 逻辑谬误绝不是怼人的武器

让我们来演练一下，看看小米校长在家长会上的演讲。请拿出一些五颜六色的笔，圈出小米校长在演讲中出现了哪些逻辑谬误，还可以在任何地方写出你读到这段话时的心情。

> 今天的家长会上，我想主要讲一个问题，这可能也是很多家长的困惑：现在的孩子到底怎么了？我们怎么就管不住孩子了呢？①
>
> 首先，我不得不说，我们其实没有认真地思考教育的目

的到底是什么。

现在社会上有各种纷繁复杂的所谓“教育理论”，什么应试教育啦，素质教育啦，未来教育啦，完全是一帮不懂装懂的人在掉书袋！学几句教育术语，就乱提理论。要我说：能升学才有未来，会考试才有素质！②说什么要从应试教育过渡到素质教育，我就是应试教育教育出来的学生，在座的各位家长肯定也是，我们哪里没有素质了？往小了说，我们不随地吐痰、不横穿马路；往大了说，我们不酒驾、不杀人放火。应试教育怎么就教不出有素质的学生了？③

家长们说，现在的孩子不好管了，不是没有原因的。我们的孩子这一代是历史上从未有过的特殊一代。我们以前的教育制度和方法，哪有一种是适合现在孩子的？现在这一代，一是他们的选择太多了。我们以前都是大学毕业分配工作，到哪个单位都是扎根干一辈子的；现在的年轻人倒好，工作没几天不高兴就辞职了，反正可以找新的。念书的时候反抗老师，工作之后跟领导对着干，心一点也沉不下来。二是现在的孩子都是独生子女，以前哪有一个班所有的学生家里都只有一个孩子的？都娇气得不得了，心理脆弱得很，互相不谦让不说，老师批评一句就受不了，甚至有的还顶撞老师。看看我们自古以来的教育，什么时候不是有惩罚的？以前的老师骂学生、打学生，家长都是到学校去谢谢老师，感谢老师严格管教了自己的孩子，可也没见哪个学生去寻死觅活，这样的教育怎么了，我们历史上不是也出了很多伟人吗？④为什么我们现在对孩子就没办法了？学生你是碰也不能碰的，从学生手里抢一本书来没收就要被投诉，说你侵犯他人身安全——这哪是师生平等，老师根本一点权利也没有，全是在为学生服务的。你是想用所谓的“素质教育”培养出一群没有心理承受能力、负不起责任的小祖宗，还是要用我们原来的方式教育出对社会有用的接班人？我看现在的什么素质教育，才真的会教出最没素质的一代人：没有礼貌、没有尊重、没有担当。以前的教育有什么不好？我们的国家这些年发生了翻天覆地的变化，都是这些人努力实现的，说以前的方法落后了、不行了，我不信。⑤

有人说，我们的教育体系不公平，我不知道这种人想要的公平是什么。人的天资禀赋就是有差异的，为什么要人人都一样？那岂不是都去上清华、北大了？⑥我们以前有尖子班，有人批评这种班不好，应该让每个学生接受一样的教育。我不认同这种说法，每个人应该去做适合自己能力水平的事情，能力强的就应该得到更丰富、更深入的特殊培养。那些叫着要取消尖子班的人，说白了就是嫉妒，自己的孩子进不去，也不让人家的孩子去。现在好了，尖子班没有了，尖子们都去课外班补课去了！还不是一样。课外班的老师，能有咱们学校的老师负责吗？先取消了尖子班，在学校的竞争小了，上学的时候如此，到了社会上以后，竞争意识也不会强，要是每个学校都如此，整个国家、整个民族都没有竞争意识，怎么能在世界之林立足？那国家、民族不都要完了？要是有帝国主义来侵略，我们准保打不过了——干脆就不要应战了，因为不知竞争为何物。⑦

所以，我最想跟各位家长分享的是，不要听信那些吹得天花乱坠的教育理论，没有什么比学习好更重要，尊重要建立在相互尊重的基础上，光提父母老师要尊重孩子，那就是在对孩子妥协让步，那就是溺爱！要坚持用自己的方式教育孩子，不仅要表扬，也要惩罚，要让孩子认识到自己的错误，这样才能进步。

谢谢大家！

我们来仔细分析一下这个演讲，你需要对应上文中带圆圈的数字编号来看：

①实际上，校长直到演讲结束也没有提出他认为的“教育的目的”到底是什么。

②有问题的前提。“能升学才有未来，会考试才有素质”这句话的科学性非常值得质疑，而且校长也没有给出什么解释。

③轻率归纳：“我”和家长的情况不能说明所有人的情况。

偷换概念：利用了“素质”这个词。“素质教育”中的“素质”内涵更广，包括培养主动学习能力、注重潜能开发等，与“不随地吐痰、不横穿马路”所体现出的公民基本素质不是完全等同的概念。

稻草人谬误：咦，有谁说过“应试教育＝没素质”了？

④乱赋因果：因为现在的孩子是独生子女，都很娇气，所以以前的教育方法不适合他/她们。

不相关标准：因为历史上出了很多伟人，所以以前的教育方法好。任何历史时期都不缺乏伟人，现在的时代也一样，但这又能说明什么呢？能说明所有的教育方式都没问题吗？

⑤虚假两难：只给了你“用素质教育培养出小祖宗”和“用应试教育培养出接班人”两个选项。谁会想要养个“小祖宗”呢？只好选择后者。

其中还有一个前后矛盾的问题：上一段说，以前所有的教育方法都不适合现在的孩子了，这段又说，还是以前的方法好，说这方法不行了我不信。

⑥偷换概念：“公平”的概念是获得均等的机会，而不是平均主义，不是人人都要一样，更不是人人都要上清华、北大。

⑦诉诸人身：恶意揣测要求取消尖子班的人都是因为“嫉妒”，而并没有什么依据。

滑坡谬误：由学校取消一个尖子班，推出了国家、民族都没有竞争意识，最终打不过帝国主义的结论。

轮到你自己写的时候，可得注意了。你可以尝试根据小米校长想表达的意思帮他修改一下演讲稿，也可以对小米校长的演讲做一个回应。当然，这又需要用到我们的下一项内容：回应可能的反对意见。

四、回应可能的反对意见

有时，你需要写一篇完整的回应文章，去回应反对意见。但更多时候，你需要去回应“可能的反对意见”，也就是说，写作一篇说理性质的文章，你最好先想好可能遇到何种反驳，并在文中回应它们。

咦？我把自己的观点阐释清楚就好了，为什么还要在文中费事儿回应和我相左的观点？

考虑以下这些理由：

● 表示你已经事先考虑到了各方情况与观点，为此论点做了充足的准备工作。

● 同时立论与反驳会使你的论证看上去更全面，也更容易说服别人。甚至可以说，论证一个观点最好的方式就是找到它的对立面，从而再次验证你自己的观点，它能让你的论点更有说服力。

● 在别人提出反驳之前就率先回应，使人无话可说（这可能有点夸张，但起码让人感觉你已经想好如何反驳了）。

如果说，以上三条都是比较功利地说明了这样对说服对方的好处，那么最后一条就是很实在的也是最根本的对你自己思维能力的提升，因为：

● 你自己在这个过程中需要收集各方观点和证据，并绞尽脑汁进行回应，这样会使你的思维变得更加灵活和清晰。

回应反对意见时，你需要先弄清楚对方的观点和意图——如果你对对方的想法一知半解，很有可能在反驳的过程中犯“稻草人谬误”。

这一谬误故意夸大、曲解对方的意思，将其歪曲成一个别的观点再反驳，而对方要么本来不是这个意思、要么根本就没有表达过这个意思。“稻草人”在这里是个很形象的说法，比如灰犀牛同学和杠杠同学打架（打架是不对的，大家不要和同学打架），灰犀牛打不过杠杠，就在杠杠旁边扎一个稻草人说：这就是杠杠哟！一拳打倒稻草人之后宣称：我打倒了杠杠！

《红楼梦》里有这么一段对话，说的是林黛玉跟贾宝玉吃醋。

> 林黛玉："你又来作什么？横竖如今有人和你顽，比我又会念，又会作，又会写，又会说笑，又怕你生气拉了你去，你又作什么来？死活凭我去罢了！"
>
> 贾宝玉："你这么个明白人，难道连'亲不间疏，先不僭后'也不知道？我虽糊涂，却明白这两句话。头一件，咱们是姑舅姐妹，宝姐姐是两姨姐妹，论亲戚，他比你疏。第二件，你先来，咱们两个一桌吃，一床睡，长的这么大了，他是才来的，岂有个为他疏你的？"
>
> 林黛玉啐道："我难道为叫你疏他？我成了个什么人了呢？我为的是我的心。"①

贾宝玉这时还是很讲道理的，他给出了两个理由，但是林黛玉这时候就犯了稻草人谬误。贾宝玉说"我不会为了她疏远你"的意思并不是"你叫我疏远她"。情侣吵架的时候经常犯这个错误：

> 盼盼：你又把袜子到处乱扔！
>
> 盼盼的男朋友：你凭什么说我不讲卫生？
>
> 盼盼：你就是不讲卫生！
>
> 盼盼的男朋友：我只是没把袜子放好，你竟然就不爱我了！

---

① 曹雪芹，高鹗．红楼梦．北京：人民文学出版社，1982：285.

当然了，不止在情侣中间，稻草人谬误在现实生活中比比皆是。例如：

> 三石：我觉得《弟子规》当中的一些内容不利于独立人格的培养，比如“父母教，须敬听；父母责，须顺承”，还有“号泣随，挞无怨”之类的。
>
> 芳邻：你以为自己有多了不起，就这么随便否定起中国传统文化了！
>
> 三石：我只说了一本书里的两句话不好，怎么就变成否定中国传统文化了……

在确保自己不误解对方的意思之后，你还需要找到他/她的目的是什么。所谓“反对意见”，往往并不是完全对立、水火不容的两种观点——如果实在是这样，也很难形成对话了。最终，你可能会发现，双方有着一致的目的，即便不是如此，你也可以寻找到一个“共同基础”，取得“最大公约数”，来完善你的论证。

你需要找到：对方最关注的价值是什么？你们共同关注的价值是什么？反驳别人最好的办法不是抓住对方的漏洞、把对方堵死在墙角，而是创造一片更广阔的场域，让大家更好地互相理解。

我们来看一些实际的应用，围观一下神喵班关于“贫困地区学校通过直播大屏幕与重点中学同步上课”这一新闻的政策性辩论。该争论始于 2018 年 12 月 13 日《中国青年报》的《冰点周刊》发表了一篇《这块屏幕可能改变命运》[①]，介绍了重点学校

① 这块屏幕可能改变命运．《冰点周刊》微信公众号．(2018－12－13) [2019－05－25]．

成都七中近20年的直播课堂项目，以禄劝县为代表的“远端学校”通过大屏幕观看直播，与名校同步上课。由此，关于这块大屏幕的争论持续良久，形成了各种不同的观点。

非常建议你先去检索这一事件的始末，再看下面的内容——记得吗？全面地考察事件背景，现在就来试一试吧！

这项辩论的规则与我们日常看到的大多数辩论不太一样。简单来说，假设政府要提出某政策，正方代表政府来解释为什么要出台这项政策，该政策为了解决什么问题、实现何种价值。反方则需要针对这一政策提出质询，指出该政策是否可以解决此问题，如出现了负面效果将如何解决。需要特别强调的是，政策性辩论的目的不是一定要压倒对方、辩得你死我亡，它的预设不是“我对你错”，而恰恰需要双方站在同一立场上，目的是使政策更完善。

你在看这项辩论记录的同时，可以拿出笔来圈画一下你觉得哪里的发言很精彩、哪里的论证有些别扭。我们会在后面对这次辩论发言做出分析和说明。

神喵班的辩论是这样的[①]：

政策：贫困地区中学通过直播与名校同步上课

正方：代表政府教育部门解释该政策，并回应反方质询。

正方代表：一辩灰犀牛，二辩热带鱼，三辩三石，四辩丸子

---

① 此记录源于北大附中高中部2018—2019学年第一学期的说理写作课堂辩论实录，有删改。

反方：各界代表，质询此政策。

反方代表：一辩盼盼，二辩光头，三辩杠杠，四辩长颈鹿

申论环节

正方一辩灰犀牛：我们的政策是贫困地区学校通过直播大屏幕与重点中学同步上课，目的是让尽可能多的学生公平享受教育资源。

禄劝县每年从初中毕业生中选出 480 人进入 8 个直播班，由禄劝一中和民族实验学校轮流承办。师资方面由两校分别派出 4 个班的优秀教师。

当然，我们之所以实行这个政策，有着更深层的原因。近年来，“省会重点中学对地方普通中学的资源掠夺和生源收割，造就了中国教育目前城乡分治、重点非重点分治的双重二元结构，也让陷入这一二元结构中的成都七中和禄劝一中成为两条遥远的平行线”①。这两地的学生享受的教育资源完全是一个天上、一个地下。为了让县中学的学生享受更好的教育资源，我们认为，本地教师的良好帮助×大屏幕直播的教育技术＝良好的教育资源。任何一方等于零，都不可能得到好的结果。本地教师的努力和直播技术的推广要同时实现。

从结果上看，贫困地区学校的教育水平确实有显著提

① 张之琪，吴梦．反思重点中学与技术至上：靠一块屏幕实现教育公平究竟是谁的幻梦？．《界面文化》微信公众号．(2018－12－15)［2019－05－25］．

高。全国200多所高中，跟着成都的“超级中学”一起上课，有的学校本科率增加十几倍，有的学校出了全省高考第一名，这可以证明，我们的政策是可以帮助到原来享受不到那些资源的学生的，同时也不会损害原来“超级中学”的利益。所以，我们认为这项政策应该被认可和推广。

父母为了儿女拼命打工挣钱，就为他们能考上好大学，学生可以听到高水平老师讲的课。有篇文章说直播课就像“往井下打了光，丢下绳子，井里的人看到了天空，才会拼命向上爬”。

有的人可能说，这个直播课并不能实现公平，但是，对于基础过差的学生，直播课的难度也并不适合他们，还不如把机会留给那些尖子生。

反方一辩盼盼：我们认为此政策有几点漏洞和不足，主要体现在四个方面。

首先，对于观看直播的同学可能是个心理打击，差距过大，对于这样的难度无法接受，比如新闻报道中提到的，当过数学课代表的同学上数学课完全听不懂。太难的话，上课可能是个很无聊的事，跟不上节奏。有的时候，同学们也不是不想听，而是听不懂。而且直播课只能教知识，在能力、素养方面无法培养。有些远端学生，通过直播班的学习，可能可以考上一个大学，但仍然面临不合群、跟不上大学进度这个问题。2017年，四川师范大学的研究生对成都周边市县和农村直播班的远端师生进行问卷调查，对这些学生而言，直播对教学内容和培养学习兴趣的帮助最大，相对而言对课堂交流、参与、协作和学习信心帮助得较少。

其次，对于远端教师来说，上课时间不需要再上课了，更多的是做助教，工作量减少，产生了倦怠心理；又没法积累教学经验，教学水平难以提高。我们也了解到，一些远端老师放不下作为老师的面子，在直播课的作业之外还留很多作业。直播课程在一定程度上忽视了老师数十年的教学经验，也忽视了老师的心理。

再次，对于成都七中直播班的学生，他们知道自己的一举一动别人都能看到，在课上会感到紧张和不自在。

最后，这个直播项目还是只培养了部分优秀学生，大部分开直播班的学校会选拔最优秀的学生来直播班，被剩下的仍然是大多数，这样还是没有解决教育均衡的问题。况且，直播班的费用较高，设备要 20 万元，每年学费要六七万元，开设 20 年才有一些成果，也有一些效果不好的学校。

所以，我们认为，这个直播项目仍然存在问题，需要进一步的改造。

正方的立场在于：我们为边远地区的学生提供了机会。反方的质疑在于：这个机会对老师和学生都造成了一些弊端和障碍。这里的双方是有共同基础的，即希望为边远地区的学生提供更公平的学习机会。

质询环节

反方四辩长颈鹿：这项政策的最终目的是要解决城市与农村教育资源之间的不平衡问题，直播带来的教育不平衡改变并不是很大，也只有一部分人能得到资源，而且只是视频而已，无法因材施教，作用有限，这样能解决农村与城市之间的差距问题吗？

正方二辩热带鱼：对于你的提问，我们有过一定的考虑。在开始接受教育之前，学生各方面资质差异并不大，教育资源的差距，师资是一个很重要的方面。这个直播课，在给学生带来新知识的同时，也是给老师们引进了另一种形式的教学模式，而且，直播班的教师资源是轮换的，比如今年这波老师带完这个直播班，可以去其他班或另一所学校，通过这种轮换，这些参与过直播班的老师再去带动其他老师，整体的教师质量是可以逐步提升的。

热带鱼同学尝试理解了正方的意思，并将双方的关注重点引向了“师资”这个重要的因素。

反方三辩杠杠：你们的目的是让资源较好的学校和资源较差的学校中间建立一种联系，让教育资源差的地方能得到帮助。刚才也给出了一个公式，本地教师的良好帮助×大屏幕直播的教育技术=良好的教育资源，但现在直播技术可以了，你们有什么补充和配套的政策，保证本地教师能提供“良好帮助”，让大屏幕更好地被利用起来吗？

正方四辩丸子：我们是选出本地教师中一部分比较优秀的来带直播班，这个需要一步一步地进行。

反方三辩杠杠：我的意思是，是不是有像直播技术这样比较有保证的方式来维护当地直播班的师资呢？

正方四辩丸子：选出的是一部分优秀学生和优秀老师。

选的时候也会考虑两地教育的差异。

反方三辩杠杠：刚才你们也提到了直播班教师轮换这种制度，但记者在一次采访中了解到，直播班更换老师比较频繁，甚至有为数不少的老师不太负责，有没有什么办法可以解决这个问题呢？

正方一辩灰犀牛：但如果不使用这项技术，这个公式里的一个因数就为零了呀。

反方三辩杠杠：没错，技术这个因数确实很强，但我们还需要讨论如何让本地教师这个因数也不为零，而且越来越重要。此外，这种直播甚至可能影响老师的水平，本来她的教学水平是1，虽然很低但还是有；直播技术一来，她不需要教课，反而教学水平退化了。

正方一辩灰犀牛：那就说明这样的老师没有真正为学生考虑，只在乎自己的面子或者自己怎么更省事。这样的老师就不应该留在直播班。

反方关注的焦点在于：如何使本地教师的质量得到保证，希望得到关于这个问题更好的解答方案，而正方一直在维护自己的政策，并没有理解反方的意图，一直在试图回避问题。

反方二辩光头：是的，但我们没有办法说，老师会怎样或者应该怎样，事实上就是有老师不配合，有的老师撕书抗议，有的给学生二次考试，这些都是真实存在的问题。我们关注的是要如何解决它。而且因为本地教师跟不上重点中学的教学思路，也只能自己跟着疯狂补习，忽视了学生感受，只是盲目进行经验积累。

正方四辩丸子：好的，我懂了。这样可以想一些相应的办法，比如给本地老师开会，对直播项目做出详细的说明，让他们真正去了解这个项目的目的，或者逐一进行心理疏导，来帮助他们消除误解。教学水平这方面，暂时只能通过这样的过渡期，让老师们先完成知识和经验的积累。

正方一辩灰犀牛：其实，直播技术不能完全替代老师讲课，也没法实现共通；本地老师也不能因为直播就完全什么都不做，比如试卷、习题讲评，还是要本地教师发挥作用。关键在于让老师们明白，直播技术不是一种完全替代，他们不是个摆设，这项技术仍然需要本地教师的大力协助，而且这也有助于本地教师的自我提升。

至此，正反双方达成了一个共识：本地教师是这项政策中不可或缺的要素，提升他/她们的积极性是非常重要的。

反方一辩盼盼：那么，就算两个条件都满足，能帮助他们提高成绩，但是这些贫困地区的学生，很多都是留守儿童，他们最大的问题其实是心理问题，成绩提高并不能从根本上解决他们的心理问题，他们有心理落差和心理需求。

正方三辩三石：这个政策的目的并不是解决心理问题。你如果说，学生看名校直播会产生心理落差，这个问题确实需要被解决，只是说现在可能还没顾得上去解决。但是，留守儿童的心理问题需要通过其他项目去专门解决，如果要让一个大屏幕兼顾这么多问题，大屏幕要累死了。

这里指出了一个“不相关标准”：直播技术本身不是为

了解决心理问题的，但由观看名校直播引出的心理问题是需要解决的。

反方二辩光头：还有一个问题，如果说这项政策是为了解决教育公平的问题，但这种选拔的方式没有很好地解决公平问题。就像之前也有一些农村和不发达地区的学生被选拔到城市的学校学习，大屏幕只是把这个范围又扩大了一点，这不能说是一种公平，只能说是另一种形式的生源收割，反而又加剧了优势资源集中这个趋势。你们觉得有什么更好的方式吗？

正方二辩热带鱼：我们直播技术的目的是解决享受非常优异教育资源和几乎没有资源这两个体系之间的分化的问题，让尽可能多的人享受到这种教育资源。你不能说这个大屏幕的存在让它不平等，因为如果没有这种资源，所有学生都进不了这个直播班，那么，有了这么一份资源，为什么不使用，而要追求所谓的更大的“公平”呢？为什么不去做呢？

反方二辩光头：你刚才谈到，目的是让尽可能多的人享受这种资源。你要实现这项政策，是让更多人使用。在当地的学校要选拔，只有一小部分学生能看直播，这种选拔更加剧了学生层级的分化，而并不是减少，你们怎么看这个问题？能不能做出一些政策上的改善来解决这个问题？

正方三辩三石：这个要先富带动后富。原来是一个 60 分带动一群 20 分，但老师讲课是顾一个班的人而不是顾一个人，60 分的这个提升空间没有那么大。现在分开了以后，给60分的提供了一个机会，60分可能会变成90分，但是那些20分的都变成10分的了。那还要不要给60分的人这个机会呢？

反方一辩盼盼：这个直播班是根据中考入学分数来选拔的，你和其他同学之间多少存在差距。有一个采访提到，2017年从直播班毕业的一个同学说，直播也加剧了班内的马太效应。班内分差入学时是40分左右，毕业时却是120分左右，也就是说，直播可能造成更大的差距。

正方三辩三石：中考和高考时的分差本来就是不一样的。你就拿我们学校来说，高一入学时的分差也没有那么大啊，但是高考可能差出几百分，这跟高中知识本身的难度也有关系，不能都归结为直播的问题。

三石指出了反方证据存在的问题：这个分差是没有参照项的，与直播技术之间也不存在必然的因果联系。

正方二辩热带鱼：刚才提到了直播技术加剧了层级分化，但我们要澄清的是，直播阶段对于教育这个庞大体系的改革，只能是一个初级阶段，确实是只有少数人能享受到，以后还需要推广。但不可以否认，贫困地区尖子生的学习能力相较于普通学生也比较高，在资源有限的情况下，先给资优的学生提供资源是合情合理的。

反方四辩长颈鹿：那么，城市的尖子生给贫困地区尖子生直播，尖子对尖子，不公平的问题还是没有被解决。

正方二辩热带鱼：这个尖子生和非尖子生的问题不是个教育资源不公平的问题，贫困地区学生都在同一个环境里学习，得到的是相同的教育，起点是一样的，成为不成为尖子生这不是环境造成的。你最后取得什么成绩有两个因素，个人能力和努力，以及教学条件，在教学条件相同的情况下最后形成的成绩差异，那就是个人能力和努力的问题了。

此时的焦点在于：按照成绩让尖子生进入这个“直播班”是合理的吗？而是否合理的判断标准，正反方是不太一样的，这是一个“先把蛋糕做大”还是“先把蛋糕平分”的问题。但反方的问题是，为什么只有尖子生能享受这个“特权”？正方是先默认了尖子生进入直播班是合理的，再讨论为什么这些人成为尖子生。

反方一辩盼盼：推广是可行的，但效果一定会那么好吗？效果好不好，关键还是取决于学生自己想不想学。

这里，反方的思路出现了问题。反方首先提出，这项政策会进一步制造不公平：被尖子班剩下的其他孩子怎么办？正方说，这只是个开始，以后我们逐步推广。此时，反方又说，推广了效果真的会好吗？学习不学习还是看自己，万一这个学生就是不想学呢？这个问题就是“两头堵”，讨论下去是死循环。

正方四辩丸子：普通班也有想学习和不想学习的人，我们的直播技术可以说是给想学习的那部分人一个可以追上其他人的机会。比如在大城市的学校里，也有想学习和不想学习的人，人各有志，我们也没法强迫。那么，贫困地区的很多学生本来觉得，他们是没办法走出去的，但这些年，已经有 88 个人甚至考上了清华、北大，这就会给他们一个希望。如果没有这项政策，那他们也没法发挥出来。

反方一辩盼盼：这还涉及一个学生心理的问题。比如四川的一个直播班学生说，她差 10 分，所以进了普通班，这类班学生上课睡倒一大片，老师也不管。全班只有一个学生考到三本，其他都没有什么好成绩。有什么办法解决一下学生因为知识太难产生消极的抵抗心理这个问题吗?

正方四辩丸子：我们还可以考虑另外一个分层教学的思路。比如让城市学校和贫困地区学校实现一对一的这种直播，比如成都七中就可以对应当地最好的学校，一些比较普通的学校对应贫困地区的普通学校。

反方四辩长颈鹿：那这不会同时加速了城市里重点学校和普通学校的分化吗?

正方二辩热带鱼：为什么?

反方四辩长颈鹿：城市普通学校对应贫困地区普通学校，城市重点学校对应贫困地区好学校，这不是拉大了城市里学校之间的差距吗?

正方二辩热带鱼：城市里的学校只是个直播的提供者，并不会因为看直播的学生是好学校还是差学校的，就对自己的水平产生什么影响啊。

这里，长颈鹿提出了一个“不相关标准”，被热带鱼指出了。

正方四辩丸子：嗯……可不可以考虑在开学初先让大家选择，你想不想进直播班，然后让选择的同学在一个礼堂共同上两个月的直播课，再按照成绩和是否有意愿重新分班?有的人可能暂时不具有这种能力，比如中考成绩差了几分进不来，但是他非常有意愿去学习；而有的人按中考成绩刚好能够进来，但可能就是不想走这条路。如果用这个办法，既考虑到了同学的意愿，又能让资源用到点子上。

这里提出了试图解决学生选择权和积极性问题的方式，而不是“一刀切”地按照入学成绩去分班。

反方四辩长颈鹿：这个提议很好，可以考虑一下。我提一个比较现实的问题。这个大屏幕的成本也不低，一个班的前期投入就要 20 万元。作为纳税人，我们是不是得评估一下这税交得值不值？

反方三辩杠杠：我们不是觉得 20 万元很多，但觉得投入和产出不成正比。刚才你们也提到了以后要推广，但推广到普通班又如何确保达到质的飞跃呢？如果我有这么多钱，是不是做一些其他的教育方面的尝试会更有效果呢？

正方三辩三石：比如呢？

反方三辩杠杠：比如说我们花钱建立一个机构，专门去培养当地老师。

正方四辩丸子：但你还要考虑效率的问题。你培养一个老师要用多长时间？要投入多少资金和人力？这是一件更复杂的事情。你当然可以做这个努力，但学生们在那里等着一批老师被培养出来吗？也不太现实。我们之前说，大屏幕只能是一个过渡，但这个过渡是很必要的。

反方一辩盼盼：就这个性价比来说，就算不去算资金成本，2016 年以来，7.2 万人接受了直播课，只有 88 人考上了清华、北大，比例并不高啊。

正方一辩灰犀牛：那还要多少是多呢？以前这些学校的学生几乎什么都考不上啊。而且考上的这些人也给了其他人希望。

反方一辩盼盼：可是我们还了解到，近几年很多高校包括清华、北大都有农村专项招生计划，这也是更多农村学生上大学的原因，所以这个数值的提升，其中有多少是大屏幕的功劳、多少是专项计划的功劳，还是得要再考虑一下。

正方一辩灰犀牛：这确实是，各方面的因素都有。

反方二辩光头：那么，改变了学生，让学生走出了贫困，让学生进入了好大学，贫困地区的教育没有资源还是没有资源。提高贫困山区的名校录取率，就等于解决了教育资源不均的问题吗？这其实是两个问题。

反方三辩杠杠：是的。而且当地的学校，是不是也可以利用当地的资源，做有自己特色的教育出来？是不是所有的学校都一定要去追赶重点名校的录取率？这样会不会反而限制了它们的自主性呢？

正方三辩三石：我们觉得，直播技术也只能是一种过渡，靠一个直播去替代面对面的教育，或者完全解决教育资源不均的问题，是不太可能的。只能说，这是在做增量。这对当地的孩子当然是好的。有一个可以去看、去学习的东西，为什么不呢？况且以贫困地区现在的教育水平，极有可能是做不出自己的特色教育的，别说是自主性，就像刚才提到的那种上课睡倒一片老师都不管，还有一些固有的观念，比如说“知识改变命运”，上大学才有出息，这都很难在短时间内改变。

正方二辩热带鱼：这些通过在直播班学习并考上大学的学生，最后可能会回到这个环境，再去建设它。如果这个是连贯的机制，就可能会构成一个良性循环。

反方一辩盼盼：但是，有多少去外面学习过的人，会选择回来更好地建设这个地方呢？而且我们不能把解决教育资源不均这个问题放在这个大屏幕培养出来的学生身上吧？这还是政府和学校的问题，不能指望享受这项政策的学生去改变它。

总结环节

反方：

我方对于这一政策的质疑主要包括两个方面：一是教育资源分配公平性的问题，二是教师质量如何保障的问题。为了缩小教育水平的差距，出现了“直播”政策，但直播针对的只是一小部分学生，使原来的“好学生”更好，进一步拉大了学生间的差距。“被剩下的”又该怎么办呢？另外，如何保证远端教师都能负责地进行协助和教学，不出现二次考试、消极怠工的情况？总之，我们所关注的是：如何利用这种直播帮助到更多学生，并保证直播的效果。我们认为，不论从整体还是细节上，这项政策都还有很多方面需要完善。

正方：

我们认为，直播政策在城乡教育资源存在巨大差异的情况下，能逐步缩小这种差距。我们承认，目前还有很多不完善的地方，但分化是可以被减轻的。对于如何更合理地利用有限的资源，我们刚才也提出了解决方法。远端老师的负责程度可能并不高，但这个大屏幕总体上还是给学生提供了更多的可能性，老师的心理转变也需要长期的引导。虽然没法确保一定有用，但这样是不是总比这些孩子拿着手机打游戏要强？

至此，神喵班的辩论就结束了，一次短暂的辩论可能对问题的讨论仍然不是很深入，但你会发现自己拥有了更开阔的思路。我想告诉你的是，提升说理能力最有效的方法不是写多少篇文章、做多少练习——当然这些也很重要，但是，和别人交流，尤其是和与自己立场、观点不同的人进行理性的交流和探讨，是促进反思、从多角度思考问题的最佳途径。

而写文章就像是你跟想象中未来的读者辩论，这些读者不断去提问，你不断去回答。在这个过程中，你表达了自我，也与读者进行了交流。我们来看一篇以回应反对观点为主的文章，增强一下你的感受。这是著名建筑学家梁思成先生在 1950 年新中国成立之初所写的关于北京城墙是否保留问题的讨论，今天我们回头看这篇文章，可能仍觉得它有现实意义。

北京的城墙应该留着吗？

梁思成

北京成为新中国的新首都了。新首都的都市计划即将开始，古老的城墙应该如何处理，很自然地成了许多人所关心的问题。处理的途径不外拆除和保存两种。城墙的存废在现代的北京都市计划里，在市容上，在交通上，在城市的发展上，会发生什么影响，确是一个重要的问题，应该慎重地研讨，得到正确的了解，然后才能在原则上得到正确的结论。

有些人主张拆除城墙，理由是：城墙是古代防御的工事，现在已失去了功用，它已尽了它的历史任务了；城墙是封建帝王的遗迹；城墙阻碍交通，限制或阻碍城市的发展；拆了城墙可以取得许多砖，可以取得地皮，利用为公路。简单地说，意思是：留之无用，且有弊害，拆之不但不可惜，且有薄利可图。

但是，从不主张拆除城墙的人的论点上说，这种看法是有偏见的，片面的，狭隘的，也缺乏实际的计算的；由全面城市计划的观点看来，都是知其一不知其二的，见树不见林的。

他说：城墙并不阻碍城市的发展，而且把它保留着与发展北京为现代城市不但没有抵触，而且有利。如果发展它的现代作用，它的存在会丰富北京城人民大众的生活，将久远地为我们可贵的环境。

先说它的有利的现代作用。自从 18、19 世纪以来，欧美的大都市因为工商业无计划、无秩序、无限制的发展，城市本身也跟着演成了野草蔓延式的滋长状态。工业、商业、住宅起先便都混杂在市中心，到市中心积渐地密集起来时，住宅区便向四郊展开。因此工商业随着又向外移。到了四郊又渐形密集时，居民则又向外展移，工商业又追踪而去。结果，市区被密集的建筑物重重包围。在伦敦、纽约等市中心区居住的人，要坐三刻钟乃至一小时以上的地道车才能达到郊野。市内之枯燥嘈杂，既不适于居住，也渐不适于工作，游息的空地都被密集的建筑物和街市所侵占，人民无处游息，各种行动都忍受交通的拥挤和困难。所以现代的都市计划，为市民身心两方面的健康，为解除无限制蔓延的密集，便设法采取了将城市划分为若干较小的区域的办法。小区域之间要用一个园林地带来隔离。这种分区法的目的在使居民能在本区内有工作的方便，每日经常和必要的行动距离合理化，交通方便及安全化；同时使居民很容易接触附近郊野田园之乐，在大自然里休息；而对于行政管理方面，也易于掌握。北京在二十年后，人口可能增加到四百万人以上，分区方法是必须采用的。靠近城墙内外的区域，这城墙正可负起它新的任务。利用它为这种现代的区间的隔离物是很方便的。

…………

但是主张拆除的人强调着说：这城墙是封建社会统治者保卫他们的势力的遗迹呀，我们这时代既已用不着，理应拆除它的了。

回答是：这是偏差幼稚的看法。故宫不是帝王的宫殿吗？它今天是人民的博物院。天安门不是皇宫的大门吗？中华人民共和国的诞生就是在天安门上由毛主席昭告全世界的。我们不要忘记，这一切建筑体形的遗物都是古代多少劳动人民创造出来的杰作，虽然曾经为帝王服务，被统治者所专有，今天已属于人民大众，是我们大家的民族纪念文物了。

同样的，北京的城墙也正是几十万劳动人民辛苦事迹所遗留下的纪念物。历史的条件产生了它，它在各时代中形成并执行了任务，它是我们人民所承继来的北京发展史在体形上的遗产。它那凸字形特殊形式的平面就是北京变迁发展史的一部分说明，各时代人民辛勤创造的史实，反映着北京的成长和文化上的进展。我们要记着，从前历史上易朝换代是一个统治者代替了另一个统治者，但一切主要的生产技术及文明的、艺术的创造，却总是从人民手中出来的；为生活便利和安心工作的城市工程也不是例外。

…………

这样辩论斗争的结果，双方的意见是不应该不趋向一致的。事实上，凡是参加过这样辩论的，结论便是认为城墙的确不但不应拆除，且应保护整理，与护城河一起作为一个整体的计划，善予利用，使它成为将来北京市都市计划中的有利的，仍为现代所重用的一座纪念性的古代工程。这样由它的物质的特殊和珍贵，形体的朴实雄壮，反映到我们的感觉上来，它会丰富我们对北京的喜爱，增强我们民族精神的饱满。①

文章在开头就表明了写作本文的意义，即探讨这个问题的重要性和紧迫性。之后开始分别对主张拆除人的观点进行回应。就反驳来说，有两种方式：一种是指出对方的理由和证据存在的问题；另一种是直接提出相反的理由和证据，来论证自己的想法。它们在梁思成先生的文中都有所体现。

---

① 林洙．大拙至美：梁思成最美的文字建筑．北京：中国青年出版社，2007：172－177.

原题为《关于北京城墙存废问题的讨论》，载于1950年7月出版的《新建设》第2卷第6期。

在这篇文章中也可以看到，写作其实没有特别多的“套路”——除了逻辑的“套路”，梁思成这篇文章的写作方式是很活泼的，好像在记录一篇对话一样，一问一答，在这个过程中有效地回应了反对观点。

第五章

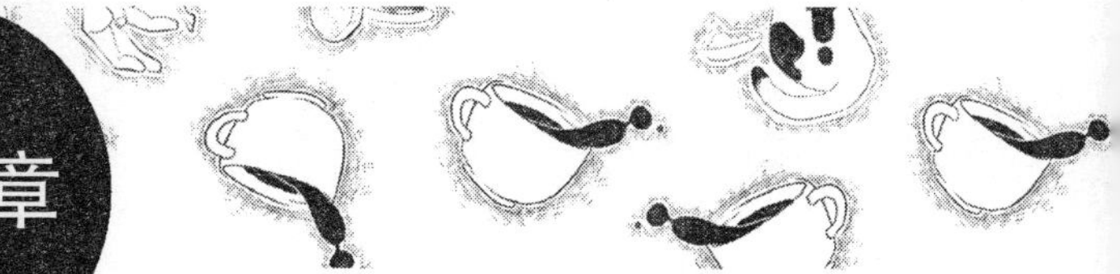

效率

至此，我们已经经历了澄清问题、分析问题和得出结论的全过程，还有整整一章的内容用来做什么呢？这恰恰是写作最需要重视的部分，也就是：你写的文章，如何能让读者读得下去、想读下去？

本章将从三个方面来说明：语句；结构；标题、开头、结尾的写法。

一、好好说话，别绕圈子

遵循这条简单的原则并不能使你的文章“增色”，因为它实在是太基础的写作要求了。可能你有时为了显示自己的“博学”，有时想标新立异，一定要绕来绕去写别人看不懂的文章。你可能要说，你看王小波写文章就常常在其中暗含巨大讽刺，鲁迅也是经常说反话……我干吗要都说得那么明白？在这里，我要友好地提示大家，初学者最好从把意思表达清楚开始，不要太绕圈子。不仅是初学者，成熟的作者也一样，能把复杂的问题用简单的语言表达清楚也是写作水平的体现。况且，你的预期读者群体越是广泛，你越需要更清楚且易懂的语言来写作。

以下有几条简单的原则，可以帮助你精炼语言：

- **能用一句话说清楚的绝不要用两句。**
- **不要出现说了等于没说或让意思更不清晰的词。**
- **每个分句最好不要使用超过两个“的”。**
- **除非强调，否则不要使用双重否定句，更不要使用多重否定句。**
- **避免使用华丽辞藻和长难句。**
- **避免情绪化语言、抒情语言。**

我们先来看小渔写的一段话：

> 当我们知道了一个人真的做出了一些不可描述的使我们所厌恶的事情并且我们已经确定那是真相之后，我们也要尽量避免使用语言暴力。

“真的做出了”和“确定那是真相”是重复的；“不可描述的”模糊不清，而且跟“使我们所厌恶的”叠加在一起，又是两个“的”，读起来拗口，凭空增加阅读负担。而“一些”也是个不必要的词。可以这样修改：

> 即便一个人确实做出了令人厌恶的事，我们也要尽量避免对其使用语言暴力。

再比如灰犀牛同学的这一段：

> 近几年，中国在教育界方面提出了要传承中华传统文化的方针，由此以后中高考便在语文的试题中不断地加入传统文化的内容及考点，许多考生也为此大量地背古诗，了解对联、脸谱、传统节日等，其目的都是让我们了解并传承传统文化，但是学生光凭考试的动力来了解传统文化，难道就是真正的文化传承吗？

这里的“界”和“方面”连在一起不妥，“传统文化”在一句里出现两次，而且后一句是基于前一句的后果，显得重复。另外，前面已经说了试题中不断加入相关考点，学生需要背古诗是结果，后面又说“其目的”，把前面的话又说了一遍，完全没有必要。不妨就改成：

> 近几年，中国教育界提出了要传承中华传统文化的方针。由此，中高考便在语文的试题中不断地加入相关内容及考点，学生为此需要大量背古诗，了解对联、脸谱、传统节日等。但是，学生单凭考试的动力来了解传统文化，这是真正的文化传承吗？

关于这部分，我不再赘述了，在文章写完之后，你可以使用以上几条原则来检查自己的文中是否出现了这些细微的问题，然后使它变得更容易让人亲近。

最后与大家分享一段话：

> 生动有力的文章要求简明扼要。一个句子不应有冗词，一个段落不应有赘句，犹如一幅画上不应有多余的线条、一台机器不应有不必要的零件一样。要求写作的人做到的，并

非写短句，避免一切细节或只是提纲挈领地处理主题，而是使每一个字起到必要的作用。①

二、合理布局

热身

你有一分钟的时间看下面的12个词，并想办法把它们都记住。

苹果　酸奶　香蕉　牛肉　鸡蛋　草莓　鸡肉　牛奶　番茄　蓝莓　菠萝　柠檬

一分钟后在纸上写下这些词。

1. 思路的整理

对于热身中看到的这些词，你是如何记住的呢？

盼盼：**依靠超常记忆力**。

小浣熊：**记住第一个字，之后再串起来**。

热带鱼：

① 斯特伦克，怀特．英文写作指南．陈一鸣，译．上海：上海译文出版社，1992：10.

肉蛋奶
- **鸡肉、牛肉**
- **鸡蛋**
- **牛奶、酸奶**

果蔬
- **红：苹果、番茄、草莓**
- **黄：香蕉、柠檬、菠萝**
- **蓝：蓝莓**

杠杠：作为一名吃货，我在脑中迅速炒了几个菜：

番茄炖牛肉

柠檬鸡

蓝莓草莓酸奶

香蕉牛奶

苹果菠萝鸡蛋拌沙拉

光头：

我昨天晚上刚吃过：牛肉、番茄、鸡蛋、酸奶

我不喜欢吃的：牛奶、蓝莓

红色的：草莓、苹果

黄色的：菠萝、柠檬、香蕉

鸡肉

不难发现，盼盼和小浣熊采用了硬记的方法，而杠杠和热带鱼用了不同的分类法，不过，杠杠的方式恐怕只有少数热爱饮食的小伙伴可以效仿，热带鱼的方法则更具有普遍性。光头也尝试进行了分类，但是她的方法有两个问题：一是红色、黄色和“我”昨天吃过、“我”不喜欢吃的并不属于一个分类体系，二是她的分类法没有包含所有的物品。

人们可能不会意识到自己从很小的时候就开始给事物分类了。教育家约翰·霍特在《孩子是如何学习的》一书中提到，他观察一个不到两岁的孩子在农场里管羊、马、牛都叫作“奶牛”，她显然能发现牛、羊长得不一样，为什么还要这么称呼它们？或者她以为所有动物都叫作“奶牛”？但她并不管室内的小猫小狗叫“奶牛”。于是，霍特推断，她将动物进行了分类，所有的“野外大动物”称为“奶牛”，而室内小动物不属于这个范畴。[①]

在写作中，对材料的分类也是你整理思路的过程。你的脑子里活跃着很多已有的材料；在写作的过程中，你也会不断查找新的材料。如何确保它们待在合适的位置？你需要将支持主张的理由进行良好的整理、排列和表述。我们在“好理由是论证的关键”部分使用了一个“海豚中学是个好学校”的例子，还记得吗？如果不记得了，快翻回去看看，就在那一节开头的部分。我们给出了三个理由，分别是：教学模式先进、校园文化活动多样、获得社会各界认可。

那么，如果我们给出的理由是：校园文化独特多元、提倡书院风格个性化、学生自主管理——这样看起来好像也是三个相关性强又比较充分的理由，但遗憾的是，它们之间高度重合。书院风格也属于校园文化的一部分，学生自主管理，同时能够体现出校园文化独特多元和书院风格个性化。

另外，我们将这几个理由排列的顺序如果是“校园文化活动多样—获得社会各界认可—教学模式先进”，就会显得有些混乱，

---

① 霍特．孩子是如何学习的．张雪兰，译．北京：北京联合出版公司，2016：54.

因为你几乎说不出这个顺序的逻辑，这看起来是一些未经组织的想法的罗列。你可以想一下：读者最能接受的理由是什么？对于一个学校，人们最关注它的什么？通常来讲是它的教学方式和水平，此时“教学模式先进”就可以作为一个比较强的理由被排在首位。而“获得社会各界认可”可以说是另外两个理由所产生的结果了，我们可以将它放在最后来说，算是一种“锦上添花”的效果。

你可能在想，为什么不把“获得社会各界认可”放在最开始，可以列出一大堆奖状、荣誉作为支持的例证，似乎也很有说服力。不过，我个人建议你将比较关键且有实际意义的理由放在前面，这样看起来会更专业一些。你也可以试试不同的排列方式，看哪种更能表达你的思维过程。我们来看一篇潘光旦先生讨论“宣传”与“教育”的文章。

宣传不是教育

潘光旦

寒假期内（1940年，民国二十九年），西南联合大学的同学到四乡去做了些兵役的宣传，又举行过不止一次的兵役宣传讨论会，在讨论会的布告上用大字写着：“宣传也是一种教育”，意思是深怕人家瞧不起宣传，因而不高兴参加关于宣传的讨论会，或是不热心担当宣传的工作。我在这篇文字里，准备向热心从事宣传的人进一解：宣传实在不是教育，不宜与教育混为一谈，教育工作是越多越好，宣传工作是越少越好，一件用一张嘴或一支笔来做的工作，要真有教育的价值，真值得向大家提倡，那就不客气的叫它做教育就是了，大可不必袭用宣传的名称。兵役的教育就是一例。那些瞧不起宣传的人，对宣传工作取怀疑态度以至于厌恶态度的人，是很有他们的理由的。

宣传与教育都是一种提倡智识的工作，这一点是双方相同的。但双方相同的只限于这一点，不相同之点可就多了。

教育与宣传的根本假定便不一样。因为假定不一样，于是提倡或施行的方式也就大有分别。教育假定人有内在的智慧，有用智慧来应付环境、解决问题的力量。教育不预备替人应付环境，解决问题，而是要使每个人，因了它的帮助，十足利用自己的智慧，来想法应付，想法解决。教育又承认人的智慧与其它心理的能力虽有根本相同的地方，也有个别与互异的地方，凡属同似的地方，施教的方式固应大致相同，而互异的地方便须用到所谓个别的待遇。根据这两层，近代比较最健全的教育理论认为最合理的施教方式是启发，不是灌输，遇到个别的所在，还须个别的启发。

宣传便不然了。他所用的方式和教育的根本不同，而从方式的不同我们便不能不推论到假定的互异。宣传用的方式显而易见是灌输，而不是启发。它把宣传者所认为重要的见解理论，编成表面上很现成的，很简洁了当的一套说法，希望听众或读者全盘接受下来，不怀疑，不发问，不辩难，这不是灌输么？这种灌输的方式是说不上个别待遇的。说法既然只有一套，或差不多的几套，又如何会顾到个别的不同呢？从这种提倡或施行的方式，我们便不由得不怀疑到从事于宣传工作的人多少得有如下的假定，否则他便不免气馁，而对于他的工作无从下手。他得假定智慧是一部分人的专利的东西，只有这一部分人，比较很少数的人，才会有成熟的思想，才能著书立说，才有本领创造一派足以改造社会、拯救人群的理想；其余大多数的人只配听取，只配接受，只配顺从；至少，这些人虽有智慧，那程度也只到此为止，说不上批评创造。“民可使由之，不可使知之”的两句老话，民字，古人有训瞑的，有训盲的，有训泯然无知的，在民本与民治思想很发达的今日，我们不能承认这两句话和这一类民字的解释为合理，真正从事于教育的人也不承认，但我们替宣传家设想，却真有几分为难了。

教育与宣传的其它不同之点，可以就来历、动机、狭义的方法、内容与结果等简单的说一说，这几点虽没有上文那一点的重要，但也可以教我们辨别一篇文字或一个讲演的教育价值或宣传价值。……

一篇宣传性质的稿件往往会引起来历的问题。我们看到一种宣传品之后，时常要问这宣传品究属是谁的手笔。我们所能找到的答复，有时候是一个笼统的团体的名字，或者是一个个人的两个字的假名。有时候连这一点都找不到。……不用说，这来历不明的问题，在教育一方面是很难想象的。

教育也没有动机或用意的问题。要有的话，根据上文启发智能的一段理论，我们可以知道主要的动机还是在促进受教者的利益，而不是施教者自己的利益。受教者终究是主，而施教者是宾。在宣传一方面，这主客的地位却往往是颠倒的。一个卖某种货品的商人，在广告里说了一大堆价廉物美的话，好像是专替顾客设想，其实最后的用意总不脱“生意兴隆，财源茂盛”。……

教育与宣传又各有其狭义的方法。我说狭义的，因为广义的上文已经说过，就是启发与灌输的分别。在宣传方面，所谓狭义的方法事实上只配叫做伎俩。……

其次说到内容。这和上文所提的方法或伎俩很难分开。它和动机也有密切的关系。内容的价值如何，当然要看动机纯正到什么程度与伎俩巧妙到什么程度了。大抵动机纯正的程度，与伎俩巧妙的程度成一个反比例。……

根据上文，我们可以知道宣传的结果和教育的结果，不能相提并论。宣传在来历上、动机上、方法上、内容上既有这种种可能的弊病，则在接受的人会受到什么不良的影响，是可想而知的。他可以受蒙蔽，受欺骗，受利用，即或所接受的是一派未可厚非的信仰或理论，其动机决不在利用，在欺蒙，其影响的恶劣还是一样，也许更严重。受骗是一时的，上过一次当的人也许可以不上第二次，但一种偏见一经培养成功，要设法纠正，往往是一件穷年累月而不见得有效果的事。近年讲教育理论的人有所谓“重新教育”（reeducation）之说，也无非是想运用教育的原则与方法，就中过宣传的毒害的人身上，挽回一些造化罢了。[①]

我们可以注意到，这里的理由是按照“根本假定—来历—动机—狭义的方法—内容—结果”的顺序来提出的，“根本假定不

① 潘光旦．自由之路．上海：上海三联书店，2008：163－168.

同”是最为核心的理由，这种不同决定了之后的任何表现形式，接下来由“内”而“外”连贯地说明了各方面的不同，是一环扣一环的；到最后的“结果”部分，因为以上不同，结果必定不同，所以几乎是一笔带过，不需要详述了。当然，你也可以尝试按照从表象或结果到核心因素的顺序，去看看效果怎样。不过，如果你呈现出的方式是：来历—动机—狭义的方法—根本假定—内容—结果……读者就会像一头扎进了毛线圈当中，找不到个头绪。整理你的材料、斟酌理由的排列，会让你的文章看起来更清爽。

最后仍然要提醒你，有时候你会觉得自己读到了一则非常热门的新闻、一句非常厉害的名言、一个大家都想知道的事实，但如果它跟你的主张关系不大，那还是放弃吧。“相关”比“看起来很厉害”要重要得多。华丽辞藻的堆叠或许能给人短暂的视觉冲击，但稍微用心一看，就会找到破绽。

你当然还会关心：如果我的主张有几个理由去支持，如何将它们联系起来，而不是用呆板的“第一……第二……第三……”？接下来，你需要了解“疑问—回答”式的结构。

2. 创造“疑问—回答”式的结构

“说理就像讲故事”，这话听起来应该很奇怪，这两件事有什么关系呢？实际上，创意写作也好，说理写作也好，怎样才算写得好？首先都是得让人想往下读。王小波说过：“所谓文学，在我看来就是：先把文章写好看了再说，别的就管他妈的。”[1] 这句话实在是话糙理不糙。

在创意写作中，我们很好理解这个概念：一个好故事，需要有悬念。但同样的，在说理写作中，我们也需要创造一些疑问和回答。芭芭拉·明托的《金字塔原理》提出了一种典型的“讲故事”呈现模式，即“背景—冲突—疑问—回答”，这“能够使你确保在引导读者了解你的思维过程之前，你和读者是‘站在同一位置上’”，同时“保证你将思想的重点一定放在文章的最前面”[2]。

你可以想象，你的文章思路就像一根线，如何能保证读者跟你沿着同一根线在走呢？这需要花费一些时间来布局。你当然可以按照传统的“首先……其次……最后……”按部就班去写，但如果其中都是平铺直论，它们可能让人昏昏欲睡。但你在写文章之前，并不能确定读者是否会对你写的问题感兴趣，这时我们就需要不断培养读者在阅读过程中的疑问，引发读者的思考。

我们来看小渔同学写的一篇很有趣的文章：

动物园不应该存在

提到动物园，相信大家都不陌生。它可能是很多人童年美好回忆的一部分，到现在说不定也乐于去游玩。然而在这里我想提出的是，动物园并不应该存在。

---

① 王小波．沉默的大多数//王小波全集：第1卷．北京：北京理工大学出版社，2009：11.

② 明托．金字塔原理：思考、表达和解决问题的逻辑．汪洱，高愉，译．海口：南海出版公司，2013.

首先，动物园或多或少都会对动物造成伤害。比较显而易见的是为了利益而对动物造成的伤害：经营动物园需要为动物提供特殊的环境和饲料等，需要一定的资金。而动物园用地和设施建设本身也需要资金。然而，这些并非所有经营方都能负担得起。为了降低成本，有些园子会选择降低动物的生活水平，比如用很小的笼子关动物、不请专业饲养员等。比如泰国商场高楼内的空中动物园，人声嘈杂，空间极小，并且动物有时会被强迫表演；印度尼西亚一所动物园饲养环境恶劣，使得老虎骨瘦如柴……此类例子和相关报道极多。也有某些动物园为了吸引游客，通过非法途径——比如和偷猎者交易——购买动物。没有买卖就没有伤害，如果关闭动物园，可以从根本上消除这些问题。

可是，只有小型的、营利性的动物园会造成这种伤害吗？实际上，即使是正规、专业的动物园仍是如此。动物园无法完全模拟动物的生存环境，尤其是对于大部分动物所适应的自然中的广阔环境，动物园对它们来说过于狭窄。比如海豚、虎鲸之类的动物本身应该生活在海洋里，而在动物园内游动一定距离就需要转身，无法像在海洋里一样畅游。美国“海洋世界”的虎鲸提里库姆就是因为生活在狭小的游泳池而患上精神疾病，最终酿成杀死三人的惨剧。此外，让人们能够参观动物是动物园的功能，但这样动物会被暴露在很多人的视线中，一些动物园又比较嘈杂，对它们来说都构成压力。就像是如果人类处于被关起来的状态，只能在很小的区域活动，每天无论做什么都被很多双眼睛盯着，周围总是嘈杂的，很快就会精神崩溃。即使不一定到精神崩溃的程度，动物也一样会感到痛苦。所以即使是规范合法、有专业人士负责的动物园仍无法避免对动物产生伤害。

其实，动物园的功能是可以替代的。其主要功能之一是让游客们看到平时难以见到的动物，起到教育作用。然而，现在科技发达，科研水平提升，有丰富的相关资料；再加上网络发达，人们可以轻易获得比亲自去动物园参观所得更详尽的资料，而且了解到的是动物在自然中真正的生存状态。例如，在动物园中只能看到踱步的狮子，在纪录片中却可以看到它们奔跑捕猎的状态。有些人可能会提出，“眼见为实”好于透过资料间接了解，然而动物园所能提供的本身就不是绝大部分动物真正的生存状况，不是“实”，而且我不认为“眼见为实”所能得到的好处值得对动物造成这样的伤害。而动物园所具有的保护动物功能是专门的动物保护机构也可以做到的，比如野生动物保护区，并且在保护区中动物还不必受到参观者打扰。动物保护机构的主要目的是帮助动物们在自然中生存，而非让它们被困在一小片区域内。可见，动物园的功能可以由其他现有的事物来替代，动物园并非必需品。

综上所述，我认为动物园应该被取缔主要出于两个原因，一是动物园的存在本身就会对动物造成伤害，二是鉴于动物园的现有功能可以由其他事物代替，取缔动物园是可行的。

小渔同学实际上是通过几个有关联的问题在引导读者的思考

方向。

疑问：动物园为什么不应该存在?

回答：一些动物园为了利益，会降低动物的生活水平。

疑问：为了金钱和利益的动物园会对动物造成伤害，那么不为营利的动物园呢?

回答：正规、专业的动物园同样会。

疑问：为什么?

回答：无法完全模拟动物的生存环境，而且嘈杂的声音会对动物的精神造成伤害。

疑问：如果动物园不存在，那我们要去哪里看动物呢?

回答：它的功能是可替代的，去看资料、纪录片都可以满足人类了解动物的需要。

疑问：但这样就没有“眼见为实”啊!

回答：动物园里动物的生存状态并不是真实的，反而纪录片中的更真实。

这里的有些疑问是直接提出来了，而另一些是当你看到那里的时候，你自然就会产生这个疑问。所以，我们也不需要为了提示读者产生疑问而在文中不断地使用问句。我们在文中所创造的读者疑问就像路标一样，路标平时一直在那里，你可能根本不会注意到它们存在，但在你找不到路的时候，你自然会抬头去看它们。

“疑问—回答”的策略不仅用在说理写作中，在你写其他形式的文章、演讲、报告和展示的时候都可以运用，它是吸引读者和听众的一种颇为有效的方式。

三、使文章变得吸引人

我们之前说过，要使人想读下去，真实、真诚当然是非常重要的基础，不过，总还可以用点特别的方法来吸引读者。论述部分并不需要特别花哨的修饰，烦琐的设计反而会降低说理的效果，这时候，标题、开头和结尾的作用就尤其明显。

1. 标题

把标题放在最后一节来讲似乎有些本末倒置，不过给文章拟标题本来就不是一件容易的事，也是相当重要的步骤。你一定也有一篇文章写完，只有标题空在那里让你冥思苦想的时刻。好的标题既要能准确体现文章的要义，又要有新意、吸引人。三者缺一不可，同时也需要平衡。

一个太过朴实的标题就像寡淡的开胃菜，哪怕后面是一桌大餐，也让人先没了胃口。但我们往往看到一些新闻中出现“震惊”“竟然做出这种事……”这类标题，纯粹是为了吸引眼球，既不能表明文章的真实意思，也没有新意。太标新立异的题目也可能跟你文章内容本身相去甚远，反而让读者一头雾水。

我随手拿起我书架上的两本书和正在读的一篇文章，它们的标题是：《一间自己的屋子》（*A Room of One's Own*）[①]；《读古人的书，是为了做现代人》[②]；《性别错觉：思维、社会和神经性别偏见如何塑造出不同的我们》[③]（*Delusions of Gender*：*How Our Minds*，*Society*，*and Neurosexism Create Difference*）。

《一间自己的屋子》是弗吉尼亚·伍尔夫的经典著作，书中的主要观点是：一个女人如果想要独立，首先要有每年500镑的收入和一间自己的屋子。500镑的收入象征了经济独立，一间自己的屋子象征了私人空间。当时的女性不能工作，没有收入，也没有属于自己的私密空间。这个标题非常精准地概括了这本书的核心主张，并且是有新意又让人想看看到底是怎么回事的。

《读古人的书，是为了做现代人》是上海的一位语文老师余党绪先生写的文章。这篇文章针对现在泛滥的“传统文化”乱象，重新定位学习中国古代经典的本质：不能把孩子理所当然地作为“继承”某种文化的容器，如果是毫无批判性的继承，是没有意义的。学习传统经典，归根结底是为了推动社会的进步，创建现代文明。标题中含有巧妙的对比，既新颖又很好地涵盖了文章的核心主张。

《性别错觉：思维、社会和神经性别偏见如何塑造出不同的我们》这本书是关于社会对于性别角色的建构和固化的。它拥有

---

① 伍尔夫．一间自己的屋子．王还，译．上海：上海人民出版社，2008.

② 余党绪．读古人的书，是为了做现代人．《思辨读写》微信公众号．（2016-09-08）[2019-05-25]．

③ 中译本的名字是《是高跟鞋还是高尔夫修改了我的大脑?》（郭筝，译．杭州：浙江大学出版社，2014），也是一个很形象的标题。这里采用的是英文直译。

一个很长的标题。和前两个标题不同的是，它包含了主标题和副标题。主标题是一个与这本书内容很契合的短语，创造了一个概念；副标题同样是概括了书中探讨的核心问题。

所以，我的建议是，你的标题首先要能体现出文章核心主张/所探讨的核心问题，其次不妨尝试一些象征或比喻的方法，这样会让标题增色不少。

比如小渔同学写的《动物园不应该存在》，这是一个很简洁有力的标题——这个观点就足够吸引人了。当然，也可以换成更活泼一点的：《是时候取缔动物园了》。

或者采用主副标题的形式：《动物园的“原罪”：为什么动物园不应该存在?》。

热带鱼同学写了一篇关于更复杂问题的文章，你可以先读一下这篇文章，想想用什么标题比较好。

把你想到的标题写在这里吧：

国务院办公厅2016年1月份发布《关于有序停止商业性加工销售象牙及制品活动的通知》，确定2017年12月31日前分期分批停止商业性加工销售象牙及制品活动，旨在进一步打击象牙等非法贸易。这引起了收藏界和野生动物保护界不同的呼声。一方，是有7 000多年悠久的历史，从新石器时代起就有印记的工艺品——牙雕，随悠久的历史不断积淀传承独具风华的完备技艺。另一方，是陆地上最大的、社会心智最接近人类的地球物种之一，雨林生态中至关重要的一环——大象，如今，它的一些种群已经灭

绝或者濒临灭绝。它们是野生动物与传统艺术的代表，走私和盗猎使它们产生瓜葛，它们之间的矛盾和冲突持续了几十年。我认为，中国对象牙及其制品的进口本来就并不合理，出台象牙禁令是必要的，牙雕艺术的传承必须去其糟粕、取其精华。

目前，野生象的境况十分危急。自 2002 年开始，有 62%的非洲森林象因象牙而被杀害。据估计，单在 2012 年年初就有大约 3.2 万头大象被杀，其后这一数字还在激增。而非法的大规模盗猎活动，带来的影响不仅仅是对物种数量的改变。有针对性的盗猎导致公象数量锐减，象群近亲繁殖的概率增加。在盗猎面前，“无牙”成了优势性状。现今，斯里兰卡 90%的公象没有长（zhǎng）牙。非法的盗猎活动已经对大象这一物种造成了严重的、短时间内不可逆的影响。

中国先前对象牙及其制品的进口本就不合理，设立完善的法律是保护野生象免受非法贸易迫害最强有力的措施。象牙禁令其实早有先例，1989 年开始，欧盟就通过法案禁止进口商业象牙及其制品，象牙工匠在意大利、英国和西班牙绝迹，可见象牙禁令成效的显著。但中国却仍以“保护文化遗产”为名继续“合法”进口象牙。据《南方周末》报道，在 2006 年象牙雕刻“及时地”入选了中国国家级非物质文化遗产名录后，中国开始寻求象牙进口的途径，并最终于 2009 年以“传承象牙雕刻非物质文化遗产而非发展象牙产业”为由说服了公约委员会，同意中国购买南部非洲三个国家出售的60吨存量象牙。然而，“合法”的象牙进口并不能阻止象牙走私和盗猎。“合法”象牙的存在让消费者对象牙交易的非法性产生误解，反而助长了象牙消费需求，更刺激了盗猎活动，中国政府批准的合法象牙零售店的数量从2004年的31家上升到了2013年的145家，而根据国际爱护动物基金会（IFAW）2011年的中国象牙市场报告，当时非法企业的数量是合法企业的两倍，非法贸易（走私）是合法贸易的近六倍。这显然和中国所谓“传承象牙雕刻非物质文化遗产而非发展象牙产业”的美好承诺不符。

此外，“合法”象牙也成为走私象牙的掩护，加剧了象牙走私和盗猎。将象牙贸易合法化，这使它成为象牙非法交易的烟雾弹，让执法人员执法和对犯罪的有效惩治变得更加困难。再者，“合法”进口象牙的前提是有效的国内象牙交易管制。为了“合法”进口这批象牙，中国建立了象牙特许经营制和收藏证制度，但中国象牙交易中证明象牙合法性的收藏证却形同虚设，沦为走私象牙洗白的工具。象牙制品卖出后，合法企业以“办证需要时间”为由，暂不给消费者提供收藏证件，在证件与原制品分离的空档里，非法制品可以借壳卖出。部分合法销售点还将收藏证本身出租、出售，让合法象牙贸易成为象牙走私的掩护。国际爱护动物基金会2011年的调查显示，62.5%（20家）的合法经销点，部分甚至绝大多数制品不能提供相应的收藏证。由此可见，先前的管制条令并不能有效地控制象牙走私，反而使得盗猎者和走私者得以钻法律的空子。但是，这次的象牙禁令，凭借其严苛性与完备性，已经取得了不小的成效。据香港亚洲时报在线2017年12月26日的报道，野生救援协会首席执行官彼得·奈茨解释说，中国这一禁令已经导致中国缉获的象牙量下降了80%，象牙原料的价格下降了65%。12家象牙加工单位和55处销售场所在2017年3月31日前停止相关活动。这着实是在解决象牙走私问题中最强有力的一击，也是中国在保护野生象进程中迈出的重大又深刻的一步。

艺术本无罪，象牙工艺的传承应去其糟粕、取其精华，需要转型。象牙走私链条层层累加出的巨大加成利益、宗教中的美好寓意与象牙技艺千年锤炼传承所积淀的精湛细腻的雕工，使得象牙制品备受收藏界的青睐。象牙禁令的实行，无异于是对这一技艺致命的打击。一些人打着“保护非物质文化遗产”的名义反对禁令，有的人说“大象是濒危物种，值得保护，牙雕还是濒临失传的技艺呢，难道我们中国传统技艺中的精华就不值得保护和传承吗?”更有呼声提到“象牙数千年来都是工艺品原料，不能一刀切，为什么政府不想着让大象提高繁殖能力，反而去消灭象牙文化?”而我想在这里说的是，象牙制品的价值并不在于象牙本身，应看其是否具有艺术价值。牙雕技艺锤炼千百年而传承的不是被雕刻的象牙，而是那一代代手艺人精湛的雕刻手法和锲而不舍的工匠精神与用这些手法刻画的文化内容，这才是我们应该传承的东西。象牙制品没了雕刻技艺，终只是一具带血的骸骨。将通过残忍杀害的盗猎手段获得的象牙雕刻成劝人慈悲为怀的佛祖，以威胁象群繁衍为代价雕刻出寓意家和万事兴的艺术作品，这岂不是讽刺？何况，过度的走私和盗猎已经对野生象造成了巨大的影响，这种影响在短期内是很难恢复的，并且研究提高象群繁殖能力的方法只能说是一种解决方法，但它并不能在短时间内有效地减缓非法象牙贸易对野生象的威胁。其实，在现在科技高速发展的时代背景下，我们完全可以研制出一种替代象牙的“人造象牙”，或者把牙雕技艺和其他的雕刻技艺如根雕、石雕、木雕有机结合，实现牙雕技艺的扦插和嫁接，使其在生态可持续发展、保护野生动物、传承优秀传统文化的背景下得以继续发芽和抽新。

人与自然如何和谐共处，自古以来就是一个严峻的话题。我们从自然获取原料与灵感，创造我们辉煌的文化与文明，但是同时，人类的贪婪也在不断地破坏自然与生态平衡。人类的文明高速发展，而人与自然的关系却日益紧张。面对濒危的野生象和牙雕技艺，实行象牙禁令，对传统技艺去其糟粕、取其精华，也许是最好的、最有效的权衡。

短的文章或许很好拟标题。长的文章，或者是一本书，就没那么容易了。不过，原则却是相通的。热带鱼同学想出了几个标题，有比较直接地提出矛盾的：

《尴尬的传统技艺：野生动物遇上非物质文化遗产，我们该保护谁?》

或者更具象征意味的：

《当艺术与生命相冲突》

或者更令人汗毛直竖的：

《不尊重生态规则的工艺品，只是带血的骸骨》

最后，热带鱼同学选择了第一个——不论选择哪一个，这些标题都能既充分地体现文章讨论的核心问题，又不失新颖和深意。

2. 开头

第一段的主要作用简单来说就是让读者觉得：

哇，这可真是个问题啊！

我们确实需要去想想！

我想看看你是怎么回答这个问题的！

所以，你首先就要说明你这篇文章的写作意义，也就是争议点在哪里。为什么它值得被写出来？为什么这个问题很值得被讨论一下？我们考察了一个问题的背景，就需要体现在这里。你还要在这一段中提出自己在文中将要探讨的核心问题，或者直接点明你的核心主张。

> 学校实行导师制已经两年了，在这段时间里同学们对其反响褒贬不一，有的同学觉得导师比班主任的角色更灵活，更能适应走班制的需要，但更多同学觉得导师不能全面地了解学生的情况，还是班主任制更好些。【背景、争议】这种争议自导师制实行以来就一直存在，同学们的学习生活多少都受到了一些影响，有的影响还比较严重，所以不得不针对该问题进行一场严肃的讨论。【写作意义】究竟哪种方式更好？我认为，在我校的环境下，导师制比班主任制更胜一筹。【核心主张】

这一段包含了开头部分需要的全部要素，但看起来有些过分中规中矩。也许可以再加入一段：

> 杠杠同学最近情绪低落，想要联系导师但一直约不上时间，而且杠杠的导师并没有教过他，他很怀疑导师能不能帮他解决问题……这样的事情你可能也遇到过，为什么会出现这种现象？学校实行导师制已经两年了，在这段时间里，同学们对其反响褒贬不一……

这个开头与之前的相比，就多了一个引子。

我们再看小渔同学《动物园不应该存在》这篇文章的第一段，小渔同学一直是“言简意赅派”的：

> 提到动物园，相信大家都不陌生。它可能是很多人童年美好回忆的一部分，到现在说不定也乐于去游玩。然而在这里我想提出的是，动物园并不应该存在。

她当然也可以这样写：

> 尼日利亚一动物园中骆驼瘦到脱形，游客认不出；南通野生动物园为演马戏拔光老虎牙齿；西班牙科尔多瓦动物园的大象弗拉维亚从 3 岁开始被圈养 43 年，患抑郁症去世……提到动物园，相信大家都不陌生。它可能是很多人童年美好回忆的一部分，到现在说不定也乐于去游玩。然而在这里我想提出的是，动物园并不应该存在。

这样就使开头产生了一些冲击性。可能平时大家并未注意到这些事实，但当你将其摆出来时，就能起到很好的“提神”效果，不仅能先让读者对你要探讨的问题有一个比较形象的概念，更能激发大家继续读下去的欲望。

比如鲁迅的《拿来主义》的开头：

> 中国一向是所谓“闭关主义”，自己不去，别人也不许来。自从给枪炮打破了大门之后，又碰了一串钉子，到现在，成了什么都是“送去主义”了。别的且不说罢，单是学艺上的东西，近来就先送一批古董到巴黎去展览，但终“不知后事如何”；还有几位“大师”们捧着几张古画和新画，在欧洲各国一路的挂过去，叫作“发扬国光”。听说不远还要送梅兰芳博士到苏联去，以催进“象征主义”，此后是顺便到欧洲传道。我在这里不想讨论梅博士演艺和象征主义的关系，总之，活人替代了古董，我敢说，也可以算得显出一点进步了。
>
> 但我们没有人根据了“礼尚往来”的仪节，说道：拿来！[①]

用一个简短有趣的小故事吸引读者也是个不错的选择。比如朱光潜先生《咬文嚼字》的开头：

> 郭沫若先生的剧本里婵娟骂宋玉说：“你是没有骨气的文人！”排演时他自己在台下听，嫌这话不够味，想在“没有骨气的”下面加“无耻的”三个字。一位演员提醒他把“是”改为“这”，“你这没有骨气的文人！”就够味了。他觉得这字改得很恰当，他研究这两种语法的强弱不同，“你是什么”只是单纯的叙述语，没有更多的意义，有时或许竟会落个“不是”；“你这什么”便是坚决的判断，而且还把必须有的附带语省略去了。根据这种见解，他把另一文里“你有革命家的风度”一句话改为“你这革命家的风度”。[②]

① 普通高中课程标准实验教科书：语文必修4. 北京：人民教育出版社，2016：44.

② 普通高中课程标准实验教科书：语文必修5. 北京：人民教育出版社，2016：40.

这个小故事正是“炼字”的好例，与主题非常契合，刚好用来引出下文的一系列阐述。

3. 结尾

我们可能常见下述几种形式的结尾。

（1）单纯的总结

“综上所述，……”“总之，……”。

学术论文式总结，我们不否认它会很好地帮助读者回顾你的文章内容，但会让你的文章缺少一些趣味性和可读性。

（2）喊口号

“让我们携起手来，为……而奋斗!”

戛然而止的感觉，奋力一呼之后就声音衰弱了。

（3）抒情式

“没有自由，地球就无法运转；没有自由，人类就无法生存。让我们拥抱自由!”

提出美好的期待当然是一种不错的收尾方式，但是运用这种形式的抒情很容易让结尾变得轻飘飘，说了基本等于什么也没说。

避免后两种言之无物结尾的秘诀还是：不要硬凑。“套路”的口号和抒情不一定跟你的文章内容有关系，不需要在写一篇影评或者关于“安乐死”的文章时都三下五除二地“实现中华民族伟大复兴”。

比如徐贲老师曾经在一篇《对小品表演，观众应该期待什么》中这样结尾：

> 如果一群人能为同一个小品开怀大笑，表示他们有共同的社会经验、价值取向、问题关怀，也给他们一种拥有共同生活世界的感受。因此，相比起只是一些人发出的笑来，大家一起觉得有意思，一起笑起来，是一种更有公共意义的幽默体验。这也应该成为人们对文艺表演幽默小品的一个期待。[①]

这个结尾同样是提出了一个美好期待，与文章内容密切相关，就事论事，没有强行给文章的意义扣上比如“提升小品关系到我们民族的整体审美能力”之类大而化之的“帽子”。

结尾的一项很重要的功能是能令人回味又有所思考，我很建议你的结尾不要让人觉得这事儿就这么结束了——能让看过的人感到“嗯，很有道理”当然是一篇很成功的文章，但给人留下更多的思考空间是更能调动读者的一种方式，最好是能使其进一步思考。你可能会担心，在结尾再引发新一轮的思考，是不是好像我想得不够深入、我的文章没写完一样？如果是大师们写书，就不会这样吧？他/她们一定会把所有问题解释得很清楚吧？

其实，完全没必要做这种担心。即便是长篇的著作，也不会是一个完全闭合的结尾——你的文章是在与读者对话，即便到了结尾我们都不要主动关闭这个对话。

钱穆所著《中国历代政治得失》的结尾是这样的：

> 我将最后申说着一点。中国之将来，如何把社会政治上

---

① 徐贲．对小品表演，观众应该期待什么．(2018-02-20)［2019-05-05］. http：//dajia. qq. com/original/category/xb20180220. html.

> 种种制度来简化，使人才能自由发展，这是最关紧要的。但这不是推倒一切便可以成功。重要的不在推倒，在建立，我们说，我们要建立法治，现在我们的文书制度，层次之多，承转之繁，使人一跑进这圈套，就无法得转身。再加上民主二字，好像什么事都待集体商量过，于是文书递转以外再加上开会忙。……中国政治比西方先进步，这是历史事实，不是民族夸大。这句话也只有孙中山先生曾说过。今天我们要反对中国自己传统，想要抹杀我们自己两千年历史，但历史已然成为历史了，如何能一笔抹杀呢？别人家自有别人家的历史，我们又如何能将自己横插进别人家的历史传统呢？这又牵涉到整个文化问题了。纵论及此，便见是非常复杂了。我不敢在这里空谈理论，只能讲历史。当前英国哲人罗素曾说过：讲哲学，至少有一个功用：即在减轻人一点武断。我想讲历史，更可叫人不武断。因事情太复杂，利弊得失，历久始见，都摆开在历史上。知道历史，便可知道里面有很多的问题。一切事不是痛痛快快一句话讲得完。历史终是客观事实，历史没有不对的，不对的是在我们不注重历史，不把历史作参考。至少我们讲人文科学方面的一切，是不该不懂历史的。政治也是人文科学中一门，我们回头把以前历史经过，再看一道，总还不是要不得。①

这一结尾不仅仅是总结，还重申了写作该书的意义，甚至提出了新的问题——一个你阅读这本书之后可以继续沿此方向思考的

① 钱穆．中国历代政治得失．北京：三联书店，2017：179－180.

问题。

总结

语句：

- 能用一句说清楚的绝不要用两句
- 不要出现说了等于没说的词
- 每个分句最好不要超过两个“的”
- 除非强调，否则不要使用双重否定句
- 避免使用华丽辞藻和长难句
- 避免情绪化语言、抒情语言

合理布局：

- 思路的整理：
  ——理由之间不要有重合
  ——先提出最有力的/最能为读者接受的理由
- 创造“疑问—回答”式结构

标题：

- 体现文章探讨的核心问题
- 尝试运用修辞

开头：

- 写作意义+引子
- 有冲击性的事实
- 简短有趣的小故事

结尾：

- 最好不要单纯地总结
- 令人回味又有所思考

至此，我关于说理写作的思考已经全部告诉你了，希望这本书能让你对这个学科产生一些兴趣。更重要的是：开始写吧！你只有在自己写作的过程中才能真正获得“让想法流淌出来”的乐趣。我建议你去向相应的报章投稿，从最小的校刊或是学生报纸开始，不要让你写的东西待在自己的抽屉或电脑里，让更多的人看到它们，和别人——同龄人、比你年纪大或小的人——去分享你的思考，让他们或她们给你提出不同的意见，你们可以一起讨论。将你在写作中与假想读者的对话付诸实践，在交流中不断完善它们。

最后，我要特别感谢我的学生们，书中大部分学生例文都出自这些可爱的人之手，第三章的辩论部分也是课堂辩论的实录，他们一直给予我很多灵感。

话不多说，开始写吧！

图书在版编目（CIP）数据

北大附中说理写作课/李亦辰著. -- 北京：中国人民大学出版社，2019.12
ISBN 978-7-300-27700-4

Ⅰ. ①北…　Ⅱ. ①李…　Ⅲ. ①汉语—写作　Ⅳ. ①H15

中国版本图书馆CIP数据核字（2019）第272772号

北大附中说理写作课
李亦辰　著
Beida Fuzhong Shuoli Xiezuoke

出版发行	中国人民大学出版社		
社　　址	北京中关村大街31号	**邮政编码**	100080
电　　话	010－62511242（总编室）		010－62511770（质管部）
	010－82501766（邮购部）		010－62514148（门市部）
	010－62515195（发行公司）		010－62515275（盗版举报）
网　　址	http://www.crup.com.cn		
经　　销	新华书店		
印　　刷	北京昌联印刷有限公司		
规　　格	148 mm×210 mm　32开本	**版　　次**	2019年12月第1版
印　　张	7.125	**印　　次**	2019年12月第1次印刷
字　　数	146 000	**定　　价**	49.00元